«Un gran libro para cualquiera que aspire a liderar una organización de alto rendimiento orientada a marcar la diferencia en un mundo digital».

Rodolfo Carpentier, CEO DAD Investments.

«El libro que me hubiera encantado leer cuando empecé».

Conor Neill, CEO Vistage. IESE leadership professor.

«Una guía de liderazgo estimulante y provocadora».

Víctor Bravo, COO NEORIS España.

«Fácil de leer, claro y motivante, con múltiples anécdotas que hacen realidad los principios que Luis comparte».

María Ángeles Moreno, embajadora de España en Estados Unidos.

«Gracias, Luis, por compartir tu experiencia y liderazgo de esta forma tan sencilla y práctica».

Soledad Tamariz-Martel, ex-Digital Transformation Director, Santander Consumer Finance. CEO de ChiefWitchOfficer.com.

«Ya seas un CEO experimentado, el director de una división o de una empresa o alguien que aspire a serlo, en este libro hay algo especial para todo el mundo».

Joy McCormack, Director Board Development, 3i Group.

«Los misterios de ser un CEO revelados. Un libro donde no existía otro igual compartiendo experiencias personales que inspiran al lector».

Claire Mason, CEO Man bites dog.

EL CEO 3D

Lidera el cambio en tu organización

Madrid, 2024

EL CEO 3D

LIDERA EL CAMBIO EN TU ORGANIZACIÓN

LUIS ÁLVAREZ SATORRE

PRÓLOGO
JOSÉ MARÍA ÁLVAREZ-PALLETE

Abril, 2024

EL CEO 3D
Lidera el cambio en tu organización
Luis Álvarez Satorre

© 2024, ESIC Editorial
Avda. de Valdenigriales, s/n
28223 Pozuelo de Alarcón (Madrid)
Tel. 91 452 41 00
www.esic.edu/editorial
@EsicEditorial

ISBN: 978-84-1192-042-1
Depósito Legal: M-5833-2024

Diseño de cubierta: Zita Moreno Puig
Maquetación: Balloon Comunicación
Lectura: Balloon Comunicación
Impresión: Gráficas Dehon

Un libro de

Impreso en España - *Printed in Spain*
Este libro ha sido impreso con tinta ecológica y papel sostenible.

A nuestros nietos, Lucas, Carmen, Leo, Alejandro y Martín, y a los que se incorporen en el futuro, que nos inspiran para hacer de este mundo un lugar mejor. Y a Queca, Luisja, Miguel, Jorge, Rocío y toda la familia Altamar, empezando por Rocío, Carolina y Ben, y a mi padre, con todo mi cariño.

ÍNDICE

AGRADECIMIENTOS...13
PRÓLOGO 15
INTRODUCCIÓN...17

1 DESCUBRIENDO AL CEO TRIDIMENSIONAL 23
1.1 Comprender al CEO tridimensional 23
1.2 Saber por qué quieres ser CEO 26
1.3 Reflexión 29

2 DESARROLLANDO LAS CAPACIDADES
  ESENCIALES DEL CEO 3D...33
2.1 La dimensión como *evangelist*. Tu fuerza interior 34
2.2.Dimensión de *engagement*. Tus capacidades para conectar...........42
2.3 *Execution*. Los poderes para ejecutar.................................49
2.4 Reflexión 55

3 CREAR UNA VISIÓN...59
3.1 Define lo que quieres conseguir 59
3.2 Articula la visión 61
3.3 Aglutina la organización en torno a una imagen..................62
3.4 Sé consistente 64
3.5 Moviliza a los constructores de catedrales 64
3.6 Cómo aplicamos la historia...65
3.7 Conectando con equipo remotos 66
3.8 El teletrabajo como nuevo reto al liderazgo.........................67
3.9 Haz realidad la visión...68

3.10 El apoyo a los gestores de equipo 69
3.11 Cocrear la visión con el mercado 70
3.12 Reflexión 74

4 *ENGAGEMENT* 77
4.1 Comunicar sin descanso 77
4.2 Define el mensaje 77
4.3 Cuenta historias 78
4.4 Selecciona los canales de comunicación 80
4.5 Haz que los eventos sean memorables 83
4.6 Identifica y elimina los posibles bloqueos a la comunicación 86
4.7 Tratando con la diversidad cultural 87
4.8 Escucha tanto como hables 89
4.9 Escucha a través del *mentoring* 91
4.10 Hazte visible. Sal de tu torre de marfil 92
4.11 Hazte un maestro del reconocimiento 93
4.12 Recuerda decir gracias 94
4.13 Reconoce a la gente invisible 95
4.14 Comunica con los miembros del ecosistema 96
4.15 Conecta a través de la actitud de ser positivo 98
4.16 Reflexión 100

5 LIBERA EL PODER DEL EQUIPO 103
5.1 Selecciona el equipo 103
5.2 Identifica tu equipo extendido 105
5.3 Desarrolla el equipo 107
5.4 Beneficios del valor de la diversidad en el equipo 108
5.5 Asume la diversidad 110
5.6 Adquiere talento 111
5.7 Desarrolla el talento 113
5.8 Organiza el equipo 114
5.9 El papel del *coaching* 117
5.10 Estate listo para tener conversaciones difíciles 118
5.11 Empodera al equipo 119
5.12 El empoderamiento viene acompañado de la responsabilidad .. 121
5.13 Aplica la gestión de las consecuencias 123
5.14 Reflexión 124

6. DESARROLLA LA OBSESIÓN POR LOS CLIENTES 127
6.1 Haz que los clientes sean visibles internamente 127
6.2 Lidera con tu ejemplo 130
6.3 Vuélcate plenamente 132
6.4 Aprende a decir NO 134
6.5 Desarrolla el arte de trabajar con clientes 136
6.6 Colabora para atender a clientes globales 136
6.7 Escuchar a los clientes es tu mejor herramienta de venta 137
6.8 Crea oportunidades de negocio 138
6.9 Presta atención a las pequeñas cosas que realmente cuentan 140
6.10 Aprende de tus clientes 140
6.11 Pregunta qué puedes hacer mejor 141
6.12 Pon el servicio en el corazón de tu equipo 142
6.13 Aprende por qué ganas y por qué pierdes 143
6.14 Prepárate para ganar 143
6.15 Saber por qué pierdes 144
6.16 Inspirar y ser inspirado por clientes 146
6.17 Entender los retos de la innovación en clientes 147
6.18 Reflexión 150

7. IMPULSA EL ALTO RENDIMIENTO 153
7.1 Establece claramente las expectativas 154
7.2 Sigue el rendimiento 161
7.3 Domina la información de gestión 166
7.4 Evalúa el rendimiento individual 174
7.5 Conecta ideas y experiencias 179
7.6 Reflexión 182

8. MANTÉN EL FOCO PARA EJECUTAR LA VISIÓN 185
8.1 Prioriza 185
8.2 Simplifica 188
8.3 Mantén la calma 191
8.4 Delega 194
8.5 Aprende a asociarte 197
8.6 Reflexión 200

9. SÉ EL CAMBIO 203

9.1 Crea el entorno para el cambio 204
9.2 Define los cambios 208
9.3 Implementa y facilita el cambio................................213
9.4 Entiende el mercado 219
9.5 Actúa como una *start-up* 225
9.6 Reflexión 228

CONCLUSIÓN 229

AGRADECIMIENTOS

Escribir un libro es una aventura fascinante, con un buen número de colaboradores implicados para hacerlo posible con el nivel de calidad adecuado.

Empiezo dando gracias a Queca, mi mujer y compañera de viaje, por animarme a compartir las historias vividas y las lecciones aprendidas en estos años de experiencia. Su apoyo, sus ideas y su manera de debatir las sucesivas versiones a lo largo del proceso han hecho que este libro sea mejor.

Gracias a mis hijos y sus parejas, que han escuchado con paciencia muchas de las reflexiones que forman parte de este texto y las han complementado con su visión.

Gracias a mi padre, que cuando este libro estaba naciendo me preguntó tres razones por las que lo había escrito. Me hizo pensar y respondí: «compartir mi visión de lo que es ser CEO, inspirar a otros a reflexionar sobre sus capacidades y animarlos a dar un paso para poner en práctica esa pequeña idea que encuentren en las páginas del libro».

Gracias a mis lectores iniciales, Victor Bravo, mi amigo, colega y compañero en muchas de las historias que encontraréis en estas páginas, y a Rodolfo Carpentier, capaz siempre de añadir una sugerencia o potenciar un planteamiento que haga más interesante el debate. Y a Eduardo Ruiz, padre e hijo, Joy McCormack, Conor O'Neill, Mindy Gibbins-Klein, Gary Heffernan, Tim Webber, Saul Marenco, Kelli Vuleic y otros muchos que me habéis animado a publicar esta edición en español.

Gracias a Joaquín Calvo, Felipe Llano y Jesús Domínguez por creer que merecía la pena compartir estas historias y reflexiones. Y a todo el equipo de ESIC Editorial y sus colaboradores, que han hecho posible que este libro hoy esté en tus manos.

Finalmente, gracias a todos mis amigos y colegas, que son los verdaderos autores de este libro. Las experiencias que hemos vivido juntos lo han hecho posible. Hemos compartido apasionantes proyectos y nos hemos enfrentado a retos complejos con momentos difíciles en los que hemos aprendido unos de otros, hemos sabido celebrar con nuestros equipos y asegurar que lo que de verdad importa, nuestra amistad, es lo que perdura en el tiempo.

PRÓLOGO

Los líderes de empresas y organizaciones nos enfrentamos a retos y oportunidades continuamente. Estar equipados con las mejores capacidades se ha convertido en una necesidad. Para ello, es imprescindible identificarlas, reconocer en cuáles somos mejores y cuáles requieren desarrollo para completar nuestros perfiles de liderazgo.

En un año en el que Telefónica cumple 100 años, compartimos con la sociedad nuestros valores construidos por innumerables profesionales que han hecho de la compañía un referente internacional. La propia compañía vive cada día las tres dimensiones de las que habla este libro. En primer lugar, un propósito, una visión compartida que se ha ido adaptando a un entorno tecnológico, social y económico de acelerada evolución en este siglo de vida. Al mismo tiempo, desde Telefónica el compromiso de y con nuestros empleados, clientes y el ecosistema de relaciones en el que estamos inmersos nos lleva a superarnos cada día y activar tanto los más altos niveles de nuestra capacidad intelectual como la pasión por conectar la vida de las personas. Finalmente, en nuestra dimensión de ejecución innovamos, aplicamos la tecnología y transformamos, en suma, nuestra forma de vivir y trabajar mediante el despliegue de redes y servicios líderes en el mundo. Y estas tres dimensiones, ser un *evangelist*, fomentar el *engagement* y ser consistente en la *execution*, se plasman en la forma de ser y actuar de Telefónica.

Me apasionan los libros y cómo son capaces de inspirarnos, retarnos o trasladarnos a mundos diferentes. En tiempos de incontables mensajes cortos que nos mantienen casi permanente al tanto de lo que ocurre, se agradece disponer de un texto como este lleno de reflexiones, experiencias e historias que invitan a pensar sobre cómo actuamos, gestionamos y lideramos.

El líder tridimensional que nos describe Luis es una manera novedosa de agrupar los ámbitos de actuación de quienes están al frente de equipos u organizaciones. Como primera dimensión, crear una visión, compartirla, ilusionar al equipo con ella y respaldarla con un propósito deben formar parte de la base de cualquier compañía que aspire a liderar el futuro. Una segunda requiere de un grupo de profesionales con el compromiso, la determinación y el trabajo en equipo que hagan realidad esa visión. Atraer y desarrollar el talento se ha convertido en un factor estratégico de éxito que todo líder debe priorizar. Y esa empatía colectiva debe trasladarse a clientes, accionistas y a la propia sociedad en la que opera. En tercer lugar, la puesta en marcha de los planes para alcanzar los objetivos empresariales completa esas dimensiones. Mantener el foco en lo esencial, combinar la flexibilidad, la innovación y el espíritu emprendedor con el rigor y la eficiencia operativa harán de nuestras organizaciones proyectos de éxito.

La lectura de este libro aporta ideas, sugerencias y pistas para ser un mejor líder. Ya seas un experimentado CEO, un directivo al frente de cualquier tamaño de empresa, un emprendedor o alguien con la voluntad de comprender mejor los retos del liderazgo empresarial, en estas páginas descubrirás los enfoques que Luis comparte desde sus más de 35 años de aventuras empresariales.

Invito a viajar a través de estas páginas con la curiosidad que el propio autor nos invita a desarrollar.

José María Álvarez-Pallete
Presidente de Telefónica

INTRODUCCIÓN

A lo largo de nuestra vida las lecciones aprendidas van conformando nuestra manera de actuar tanto en el ámbito personal como en el profesional. He tenido la suerte de acumular un buen número de estas lecciones de índole muy diferente, y he decidido compartirlas. ¿Por qué? En primer lugar, porque me hubiera encantado encontrar un libro como este en los primeros años de mi carrera. Segundo, porque si algo de lo aprendido puede ayudar a alguien a tomar mejores decisiones o convertirse en un mejor líder, el esfuerzo habrá valido la pena. Tercero, porque ha supuesto una magnífica excusa para reflexionar, agrupar múltiples ideas, acciones e historias, y ha sido una oportunidad única para seguir aprendiendo como parte de este proceso de reflexión. Nunca dejas de aprender. Finalmente, es una forma de dar las gracias a quienes me han acompañado en esta fascinante aventura. Se reconocerán en algunas de las experiencias, historias o proyectos en los que hemos trabajado juntos. Mi familia, mis amigos y mis colegas son, en realidad, los coautores indirectos de este libro.

Permitidme que empiece por mi niñez. Mis recuerdos del trabajo de mi padre están marcados por su entusiasmo en cualquier cosa que emprendiera: desde inaugurar una nueva central telefónica para proporcionar acceso al teléfono a los habitantes de un pequeño pueblo a, más adelante en su carrera, crear una plataforma de marketing para convertir a los tradicionales suscriptores de servicios telefónicos en auténticos clientes. Aprendí de él que la pasión por lo que haces es un componente esencial para disfrutar de la vida. Cuando yo era un adolescente, cualquier conversación que tuviera con él sobre el futuro, fueran estudios, un trabajo o cualquier área de interés, siempre acababa con la misma afirmación: «cualquier cosa que hagas, hazla con tu mejor yo». La gente que me conoce sostiene que la pasión y energía que pongo en mi trabajo provienen de seguir su consejo.

En mis días como CEO, me he dado cuenta de que he mantenido una inspiración similar proveniente de mi madre: vivir la vida con intensidad. Su enfermedad de corazón, que terminó con su vida cuando solo tenía 63 años, nunca fue un obstáculo para levantarse por las mañanas y ponerse manos a la obra llena de energía y vitalidad.

La semilla de lo que hacemos y cómo nos comportamos fue plantada mucho tiempo atrás: en nuestra niñez. Consciente o inconscientemente, afecta a cómo vivimos, a cómo nos enfrentamos a retos y a cómo gestionamos nuestras tareas diarias. Sin embargo, hay muchos aspectos de nuestra forma de ser y actuar que pueden ser identificados, aprendidos, ajustados, mejorados e, incluso, alterados. A lo largo de tu vida, descubres gente de referencia, personas que te inspiran. Ya sean figuras conocidas, como Jesucristo o Mandela, o alguien más cercano. En mi caso, mi mujer es fuente constante de inspiración y apoyo.

Soy un ingeniero, orgulloso de serlo, apasionado por la tecnología y por cómo está cambiando la forma en que vivimos y trabajamos. Creo en las personas, y en el poder de los equipos para transformar organizaciones. Me encanta trabajar con clientes, descubrir cómo tu negocio puede convertirse en una extensión del suyo. Disfruto con los retos que las nuevas generaciones ponen frente a nosotros y las oportunidades creadas por modelos de negocio disruptivos. Estoy convencido de nuestra ilimitada capacidad de aprender y desarrollarnos.

He aprendido, en mis más de 35 años de experiencia liderando equipos, que el liderazgo es una de esas facetas que todos queremos y podemos desarrollar. Y, sin duda, una de las mejores posiciones para mostrarlo es la de *Chief Executive Officer* (el término anglosajón que se asocia al equivalente de director general o consejero delegado y que, disculpando el anglicismo, utilizaré a lo largo del libro). Y lo digo desde la experiencia, primero al frente de una operación en un país, más tarde liderando un negocio de varios millardos en BT, un líder global en el sector de las telecomunicaciones, que proporciona servicios a compañías y Gobiernos por todo el planeta; posteriormente como CEO de una compañía de alto crecimiento especializada en ciberseguridad, y últimamente con la misión de desarrollar un acelerador digital en su expansión europea.

Sin embargo, he descubierto que, en realidad, es un trabajo con facetas muy diferentes. Lleva tus capacidades personales y profesionales al límite, y requiere que mejores cada día si estás decidido a tener éxito. Esas distintas áreas son lo que he denominado las tres dimensiones del CEO. Y de eso va este libro: *Evangelist, Engagement* y *Execution*.

En el primer capítulo, te animo a reflexionar sobre las razones por las que podrías aspirar a ser CEO. A continuación, presento las capacidades esenciales que necesita tener un CEO 3D y sugiero cómo deben aplicarse a las áreas más críticas del puesto. Aunque cada capítulo tiene una relación más estrecha con una de las tres dimensiones, varias de las capacidades deben emplearse simultáneamente para maximizar su impacto.

A lo largo del libro presento cómo es posible emplear estas capacidades para:

- crear la visión de la compañía;
- conectar con todo tu entorno;
- liberar el poder de tu equipo;
- construir una organización obsesionada por el cliente;
- impulsar una cultura de alto rendimiento;
- mantener el foco y
- ser el cambio que quieres producir.

Comparto lecciones aprendidas tanto en momentos difíciles como en situaciones de éxito. Desvelaré algunas recomendaciones, estrategias y pistas de mi experiencia como CEO. Las historias que encontrarás a lo largo del libro pretenden ilustrar y dar vida a esas ideas y conceptos. Pero, al mismo tiempo, me gustaría darte la oportunidad, lector, de reflexionar sobre cómo afrontarías situaciones similares tú mismo. O cómo la organización en la que trabajas actuaría en circunstancias parecidas.

Este es un libro sobre liderazgo. No importa si ya eres CEO de una gran corporación, estás al frente de una empresa de cualquier tamaño o te inicias en el emprendimiento, o tal vez tienes la ambición de serlo, diriges un equipo o te mueve la curiosidad por saber más sobre esa figura a veces desconocida del líder de una organización. Espero que disfrutes leyéndolo tanto o más como yo he disfrutado escribiéndolo para ti.

Un par de notas antes de empezar:
Como soy un hombre, he escrito el texto refiriéndome al CEO en masculino. Por favor, lee él o ella.

Al final de cada capítulo he añadido unas reflexiones y preguntas para intentar provocarte y hacerte pensar. Son oportunidades para meditar sobre tu propia forma de hacer las cosas, y, por tanto, quizás quieras pausar la lectura y tomarte un tiempo sobre ellas.

Primera reflexión:
Piensa, y trata de escribir, cuáles son tus raíces, tus referencias. Reflexiona por qué actúas de la forma que lo haces.

Si quieres ir un paso más allá, escribe qué te gustaría aprender de este libro.

1

DESCUBRIENDO AL CEO TRIDIMENSIONAL

1 DESCUBRIENDO AL CEO TRIDIMENSIONAL

A lo largo de mi vida he aprendido que el liderazgo es algo que la mayoría necesitamos —y usamos— en múltiples facetas de nuestra vida. Ya sea jugando a un deporte de equipo, construyendo una familia o planificando un viaje. O gestionando un proyecto, liderando un equipo virtual, o convirtiéndote en cualquier forma de jefe. He descubierto que necesitas un conjunto de capacidades de liderazgo diferentes, todas ligadas con tres dimensiones, que se interrelacionan, realimentan y desarrollan juntas. Cuanto mejor seas en cada una de ellas, mejor líder serás. Personalmente, pienso que esas tres dimensiones son especialmente importantes para el papel del CEO. Y eso es lo que llamo el «CEO tridimensional».

1.1 COMPRENDER AL CEO TRIDIMENSIONAL

La travesía para convertirse en CEO está llena de lecciones que merece la pena recordar y asimilar. Te preparan en cierta forma para el puesto, pero nunca lo suficiente. Una vez que hayas empezado, la curva de aprendizaje se hace más empinada. En mi experiencia, hay tres caras bajo la denominación del *Chief Executive Officer* —tres dimensiones del liderazgo—. Cada una juega un papel más relevante en ciertos momentos. Cuánto es el peso que pongas en cada una dependiendo de las circunstancias, será la clave del éxito.

Esas tres caras son (y disculpa el uso de los términos en inglés, pero creo que identifican mejor los conceptos que describo): *Chief Evangelist Officer*, *Chief Engagement Officer* y *Chief Execution Officer*.

El *Chief Evangelist Officer* es responsable de crear la visión de la organización, generar el entusiasmo en torno a ella, hacerla memorable y conectar el lado emocional e intelectual del equipo. Debe definir cuál es la herencia que quiere dejar. Debe consolidar los valores y la ética de la organización. Debe conectar la visión con el mercado y los clientes, pero al mismo tiempo escuchar y ser capaz de refinar esa visión, ajustándola a un mundo en continua transformación digital y orientado a crear negocios sostenibles. Tradicionalmente la visión se decidía en los niveles más altos de la organización y era comunicada en cascada hacia abajo. Hoy en día la cocreación es imprescindible. Ello implica involucrar a empleados, clientes y resto de miembros del ecosistema empresarial en la construcción de la visión.

El *Chief Engagement Officer* es el artífice de la conexión entre la visión y la ejecución. La visión no es nada sin un equipo que crea en ella. Y la ejecución no es posible sin un equipo que la realice. Liderando con su ejemplo, el CEO debe dirigir la obsesión por el cliente en la organización. Debe hacer lo posible para reclutar y desarrollar al mejor equipo, dándoles el espacio para crecer y la responsabilidad en la consecución de resultados, y alineando los incentivos y el reconocimiento apropiados. Debe conseguir que el equipo se sienta orgulloso de lo realizado, no es únicamente el responsable de usar la organización para materializar la visión, su papel es aunar un grupo de personas que se transforme en un equipo con un objetivo común.

El *Chief Execution Officer* es quien convierte la visión en planes efectivos. Debe definir los resultados, las métricas, los indicadores clave, trabajar y conocer los detalles, asegurar que las herramientas necesarias están disponibles, instaurar la gobernanza, sostener la ética de la organización y seguir el rendimiento contra esos objetivos. Es quien impulsa el cambio a través de la organización, manteniendo el foco que garantiza la realización completa de la visión.

El trabajo integrado de estos tres roles es lo que llevará al éxito al CEO y, aún más importante, a la organización. Y es imprescindible que estas tres dimensiones conecten con quién eres tú como persona, entendiendo por qué haces lo que haces.

Hace tiempo, tuve la oportunidad de asistir a un almuerzo con un reducido número de personas en Nueva York, incluyendo al Dr. Henry Kissinger, diplomático norteamericano y experto político conocido por haber sido secretario de Estado de los Estados Unidos, y que ha fallecido recientemente. Fue un privilegio compartir mesa con él. Durante la comida, comentamos qué podría traer la inteligencia artificial a nuestras empresas y nuestra sociedad. La inteligencia artificial tiene un lado positivo, que aporta nuevas formas de aprendizaje en campos como la salud o los negocios. Pero también tiene sus riesgos, afectando la sostenibilidad de ciertos trabajos o generando consecuencias no esperadas o deseadas. En una de sus intervenciones, el Dr. Kissinger sugirió que quizás deberíamos reflexionar sobre por qué y para qué hacemos algunos de estos desarrollos. Para qué queremos emplear la inteligencia artificial. Hay muchas posibles respuestas a esta pregunta. Desde la mejora de la eficiencia a cómo utilizarla para mejorar nuestra habilidad para innovar. Pero su pregunta me hizo pensar. Es cierto que en ocasiones desarrollamos tecnologías o soluciones sin una visión clara de lo que queremos conseguir o dónde aplicarlas. La velocidad a la que actuamos nos puede hacer perder la perspectiva del propósito que perseguimos. Por ello, merece la pena preguntarnos por qué hacemos lo que hacemos.

En resumen, la labor del *evangelist* está íntimamente ligada a las creencias del CEO, a lo que le motiva, lo que le hace sentir satisfecho y orgulloso, en suma, lo que realmente le hace feliz. Yo disfruto de la experiencia de aprender continuamente sobre mí mismo.

El trabajo de *engagement* aglutina las capacidades más sociales, los activos intangibles, aplicando la empatía como elemento fundamental de sus relaciones. Su papel se refleja en la famosa frase de Benjamín Franklin: «Dime algo y lo olvidaré, enséñame algo y lo recordaré, involúcrame y lo aprenderé». Las personas y las conexiones que he construido con ellas me han ido proporcionado la energía para enfrentarme a cualquier reto.

El lado *execution* se apoya en las capacidades más técnicas, aquellas enfocadas a resultados tangibles. Su éxito depende de la respuesta a los retos y oportunidades a los que se enfrenta, qué herramientas, técnicas y métodos domina para hacer que las cosas ocurran. Yo me siento orgulloso observando los resultados que producimos como equipo.

Las circunstancias y cómo actúas frente a ellas, determinan cuánto mostrar de cada una de las tres dimensiones. Permíteme compartir cómo un nuevo CEO decidió involucrar a su organización en crear y desarrollar su visión.

Cuando Joe Garner fue nombrado CEO de Nationwide, su trabajo no consistía en producir una gran transformación. Debía continuar los sólidos resultados y la trayectoria que la sociedad de inversión venía mostrando. Sin embargo, en el entorno cambiante de la industria de servicios financieros, Joe necesitaba a todo el mundo involucrado en hacer frente a los retos que se avecinaban. Joe es un activo bloguero, un firme convencido de la voz de las personas. Así que lanzó «La gran conversación». Una serie de entrevistas y encuestas para refinar el propósito, la misión y la visión de Nationwide para los años venideros. El equipo recogió más de 20.000 elementos de opinión, y consolidando esos comentarios ayudó a producir un sólido conjunto de ideas y posibles acciones. Joe y su equipo directivo convocaron a los 1.300 empleados para compartir los resultados del trabajo en común, definiendo los retos y las aspiraciones para el futuro. «La gran conversación» generó un mejor entendimiento de la ambición colectiva y, como consecuencia, un mayor foco y compromiso del equipo en la ejecución.

1.2 Saber por qué quieres ser CEO

El recorrido hasta convertirse en CEO normalmente pasa por hitos relevantes y momentos de la verdad. Uno de ellos es la decisión personal de querer ser CEO. Debes reflexionar si realmente quieres o no serlo, y, más importante, el por qué. Si realmente estás decidido, es posible. Pero hay un buen número de compromisos que equilibrar, particularmente relacionados con cómo inviertes tu tiempo y dónde enfocas tus esfuerzos. Decidir ser CEO no es bueno ni malo, tiene que ver con lo que uno busca en la vida. En mi experiencia, es un trabajo apasionante y satisfactorio, pero a la vez es duro y exigente.

Cuando pienses en las razones por las que quieres optar a esa posición, necesitas un elevado grado de honestidad y autoevaluación. He realizado más de 90 entrevistas a CEO en el programa *Conversaciones con el CEO* de Radio Capital que he dirigido. En ellas he descubierto que una gran mayoría de ellos nunca habían aspirado a estar el frente de su organización, pero estuvieron dispuestos a dar el paso una vez que la oportunidad se presentó. Por ello me parece apropiado anticipar esta reflexión.

Estos son tres riesgos y tres afirmaciones importantes cuando te plantees ser CEO.

Los mayores riesgos aparecen cuando alguien ambiciona ser CEO principalmente por cómo será visto por el resto del mundo. No hay duda de que es un papel asociado con poder, reconocimiento en la comunidad empresarial y con ganar dinero.

Primero, tener poder se traduce en ser el jefe. Tener la posibilidad de decidir y ejecutar lo que consideras que es lo correcto. Tener autoridad. El poder está conectado con el puesto que ocupas. En tanto en cuanto estés en el trabajo, tienes el poder. Pero el riesgo está en que tomes las decisiones pensando que tienes la razón simplemente por ser el CEO. Te arriesgas a rodearte de gente que tema contradecirte porque ostentas el bastón de mando. La «posesión de la verdad» puede separarte paulatinamente del mundo real e impactar en la calidad de tus decisiones. Aprenderemos más delante que la capacidad de escuchar con humildad es el mejor antídoto a este riesgo.

Segundo, el reconocimiento social puede resultar atractivo. De hecho, ser apreciado por tus colegas empresarios o la sociedad no es malo en sí mismo. Pero tener gente alrededor alabándote por la posición que ocupas es un riesgo. Una tentación es confundirse y pensar que eres el puesto que ocupas. Incluso podría convertirse en la principal razón por la que deseas convertirte o mantenerte como CEO. Y el riesgo es que, para mantener esta sensación de reconocimiento, tomes decisiones que no son necesariamente las adecuadas desde una perspectiva a largo plazo. Es crucial recordar quién eres, mantenerte separado del puesto en sí mismo, de forma que no traiciones el foco en el negocio por tu imagen externa. Si no, tu ego se interpondrá en cómo deberías liderar tu organización. Desafortunadamente, todos conocemos ejemplos de personas al frente de organizaciones que han perdido el norte, excediendo sus competencias, faltando a los principios más elementales de la ética, o creyéndose invulnerables solo por estar sentados en ese sillón. Pocos han durado con ese lamentable comportamiento y, al final, la justicia les ha dado su merecido.

Finalmente, el dinero es una motivación obvia para aspirar a un puesto de CEO. Las compensaciones de los CEO son, en la mayoría de los casos, superiores, ya que son posiciones altamente expuestas y que se supone que deben contribuir a la creación de valor para el negocio y la sociedad. Una impecable estructura de gobierno corporativo asegurará que esa retribución sea justa y acorde a la consecución del CEO. El dinero no va ligado exclusivamente al nombre del puesto. En cualquier caso, si hacer dinero es tu principal motivación, el esfuerzo no merece la pena.

En el otro extremo, la gran oportunidad de convertirse en CEO está relacionada con lo que se puede hacer para otros. Tienes la ocasión de impactar en la sociedad, la industria o la compañía, creando valor al mismo tiempo para todos los miembros del ecosistema empresarial. A la vez, es posible alcanzar un alto grado de orgullo y satisfacción por lo realizado.

En primer lugar, puedes generar un alto impacto, ya sea con el desarrollo de una nueva estrategia de producto, marcando la diferencia para tus clientes, transformando el núcleo de tu negocio, desarrollando el liderazgo en la industria, creando nuevos puestos de trabajo, expandiendo las operaciones en otros mercados o influyendo en la comunidad en la que la organización opera. El CEO debe reflexionar sobre el tipo de impacto que quiere producir. Este debe estar incluido como parte de la visión, como una guía permanente de los principios que le mueven.

Segundo, cuando me refiero a la creación de valor, es la manera tangible de medir el impacto. Tiene que ver con el valor incremental que el CEO y su equipo son capaces de generar como consecuencia de la implementación de una clara y sólida visón y estrategia. El valor de la acción es una medida obvia en una empresa cotizada, o medidas como el valor neto de la empresa. Sin embargo, también puede estar asociado al crecimiento de ciertos parámetros —incluyendo algunas áreas del catálogo de productos o servicios, el número de clientes, de contratos firmados— que garanticen la sostenibilidad del negocio. En algunas circunstancias difíciles puede estar ligado a una significativa restructuración para apoyar la supervivencia y recuperación del negocio. Esta creación de valor cada vez más tiene que ver con la mejora del entorno, el impacto social y una correcta gobernanza. En resumen, la creación de valor refleja la contribución del CEO y su equipo en el camino de llevar a la organización hacia el destino definido en la misión.

Finalmente, no hay mayor recompensa personal que la satisfacción por alcanzar una meta. Llegar a ocupar el puesto de CEO es difícil, y mantenerse es aún más complejo. El nombramiento como CEO es la consecuencia de lo realizado hasta ese momento y, aún más importante, la confianza de otros en lo que serás capaz de conseguir. Esta indudable demostración de confianza debe hacer sentirte orgulloso. Ello llevará a definir la ambición para la organización, identificando claramente los objetivos que alcanzar. Este sentimiento es algo que permanecerá contigo incluso una vez hayas dejado tu puesto como CEO. Es la satisfacción por lo realizado, por las relaciones con tu equipo y tus colegas, por haber ayudado a su crecimiento personal y profesional, por tu contribución al negocio de tus clientes: tu legado.

En suma, cuando consideres ser CEO, o cualquier posición de significativa responsabilidad, asegúrate de haberlo pensado cuidadosamente. Cuanto menores sean los riesgos y más claras tengas las responsabilidades que hemos descrito, más satisfecho estarás y mayor será el impacto que produzcas.

Un verano, recibí una llamada del CEO de la empresa en que trabajaba entonces. Me ofreció un puesto en el comité ejecutivo para liderar una de las divisiones del grupo. Era un área de perfil más técnico, muy enfocada internamente, y cuyo contenido no me atraía especialmente. La energía que pongo en mi trabajo se genera, fundamentalmente, a partir las relaciones con clientes, así que, aunque era una excelente oportunidad para progresar en mi carrera a un nivel superior en la organización, no era mi opción preferida.

Decliné la oferta. Fue una decisión realmente difícil. Pero se lo expliqué al CEO: sentía que podía seguir produciendo un mayor impacto con la posición global y enfocada a clientes que ocupaba. Y prefería seguir con ella.

Dieciocho meses después, me ofrecieron el puesto al frente de la división global de clientes. Sé fiel a tus convicciones y a lo que mejor se alinea con lo que te motiva y te da energía.

1.3 REFLEXIÓN

En este capítulo hemos discutido las tres dimensiones del liderazgo y cómo cada una contribuye al papel del CEO.
Reflexionando sobre esas tres dimensiones:

- o ¿En cuál consideras que eres mejor?
- o ¿En cuál disfrutas más?
- o ¿En cuál crees que la gente que te conoce diría que eres mejor? ¿Por qué?
- o ¿Qué dimensión estás decidido a desarrollar primero?

Considerando las razones para ser CEO o un mejor líder:

- o ¿Identificas los riesgos y oportunidades cuando optas por un nuevo trabajo?
- o ¿Piensas que tu CEO tiene el equilibrio correcto?
- o ¿Si tú eres el CEO, piensas que tienes el equilibrio correcto?

2

DESARROLLANDO LAS CAPACIDADES ESENCIALES DEL CEO 3D

2 DESARROLLANDO LAS CAPACIDADES ESENCIALES DEL CEO 3D

Durante estos años como CEO, he aprendido que hay algunas capacidades básicas que me han ayudado a realizar mi trabajo adecuadamente. La lista que comparto es, según creo, clave para el éxito, y declina, apoya y refuerza las tres dimensiones. Todo comienza en ti mismo. Tu conocimiento, comprensión y confianza en ti mismo es la base de lo que conseguirás. Deberás construir sobre tus fortalezas para compensar tus debilidades mientras desarrollas nuevas capacidades. Estás en una misión para la cual te debes equipar adecuadamente. Estas son capacidades esenciales que debes dominar, y aprender cómo y cuándo emplearlas. Es una fascinante aventura de aprendizaje, crecimiento personal y oportunidades de producir un alto impacto en tu compañía y en la sociedad. Tu determinación para triunfar lo hará posible.

Figura 2.1. Las capacidades esenciales del CEO 3D.

Fuente: *Elaboración propia*

2.1 LA DIMENSIÓN COMO *EVANGELIST*. TU FUERZA INTERIOR

La dimensión como *evangelist* está en el núcleo de cómo piensas, te comportas y actúas. Estas capacidades son las que vas a desarrollar para ti mismo. En cierta forma, se desarrollan en soledad y te preparan para las interacciones que tendrás con otros. Debes ser un pensador estratégico, apasionado por lo que haces, obsesionado en hacer las cosas correctas y hacerlas bien, positivo en la mirada sobre lo que te rodea y personalmente equilibrado.

PENSADOR ESTRATÉGICO

Ser un pensador estratégico es una capacidad esencial. Es fundamental para el desarrollo de la visión. Pensando estratégicamente mirarás al futuro. Tienes la responsabilidad de diseñarlo, evitando que sea algo que simplemente te ocurra. Pensar significa reflexión. Consiste en invertir tiempo de calidad evaluando opciones, sopesando alternativas y aglutinando información de fuentes diversas. Es imprescindible que construyas el modelo de tu compañía en tu mente. Los niveles más altos de este poder se alcanzan cuando puedes explicar la complejidad en palabras simples, cuando puedes describir tu negocio de forma sencilla. Uno de mis jefes, en los primeros años de mi carrera, me dijo: «Me gusta la forma en que proporcionas explicaciones sencillas de problemas complejos. Asegúrate de mantener y desarrollar esta habilidad, te ayudará, pero, aún más importante, ayudará a otros muchos». Y así lo he seguido intentando.

Tener la arquitectura de la organización y cómo opera tu negocio en tu mente te permitirá definir su perfil futuro. Podrás crear la visión. Una visión basada en hechos y datos que, con una aproximación realista y ambiciosa a la vez, describa el objetivo que conseguir. Debe ser cocreada con tu equipo, involucrando a otros partícipes de tu ecosistema.

El pensamiento estratégico requiere elevar la mirada, y correlacionar hechos y circunstancias a tu alrededor. Ocurrirán eventos en el mercado y en la sociedad, movimientos de tus competidores, proyectos en otras áreas de tu negocio que generarán nuevos e impredecibles escenarios. Nuevas oportunidades emergerán y los riesgos cobrarán mayor nitidez, lo que permitirá mitigarlos. Esta privilegiada perspectiva desde lo más alto de la organización es la que te permitirá modificar el curso de la travesía corporativa.

Para ser un maestro en él, debes incorporar las nuevas tecnologías en el proceso de pensamiento. Vivimos y operamos en un mundo digital, impactado por la tecnología de forma creciente, y lo será aún más en el futuro. Ser un líder digital te ayudará a generar un proceso más robusto de pensamiento estratégico.

En mi labor como CEO, en una época donde debatíamos cómo generar crecimiento en los años venideros, sentí que necesitaba tiempo para pensar. Disponíamos de un amplio conjunto de datos, un montón de presentaciones sobre oportunidades y potenciales áreas que explorar, pero requería evaluarlas con tranquilidad, y en las complicadas agendas que solemos tener, siempre era difícil encontrar un hueco. Así que durante dos semanas reservé una reunión de una hora conmigo mismo cada día. Revisé cada pieza de información, leí informes externos y sopesé distintas alternativas. Tres opciones se abrían para hacer crecer nuestro negocio. Primero, aumentar la penetración en nuestros clientes existentes. Segundo, extender el catálogo de servicios. Tercero, expandir nuestras operaciones a otras geografías. Pero no podíamos acometer las tres estrategias simultáneamente. Tomar el tiempo necesario para pensar me ayudó en el debate con el equipo y a tomar la decisión definitiva. Nos enfocamos en los clientes actuales, hicimos un número controlado de inversiones en nuevos productos y pospusimos la expansión internacional.

OBSESIONADO

La mayor parte de los líderes empresariales que conozco tiene una obsesión. Puede ser explícita en cómo se comportan o puede ser simplemente cómo la viven interiormente. En mi opinión, un CEO de éxito de ser un obseso, de forma constructiva, por supuesto. Y ello es posible. Obsesión con proporcionar el más alto nivel de servicio, obsesión con ganar en el mercado, obsesión en reclutar el mejor talento. Debes desarrollar un cierto fanatismo en tus principios, vivir tus valores y ejecutar tus planes considerando cada pequeño detalle. Mi obsesión era mejorar continuamente nuestro negocio, siempre buscando cómo hacer las cosas mejor para que como equipo estuviéramos orgullosos de nuestros resultados y del impacto en la sociedad.

Un año, para refrescar la perspectiva de nuestra compañía, tomamos las 100 posiciones más altas de la organización y las declaramos vacantes. Invitamos a los responsables de esas posiciones a presentarse y optar por dos de los trabajos disponibles. Culminamos el proceso con cerca de un tercio de ellos en nuevos puestos. La rotación generó una renovada energía en el equipo. Nuestra obsesión por ser mejores hizo posible esta iniciativa.

Estar obsesionado significa estar dispuesto a realizar un análisis pormenorizado de los problemas y oportunidades cuando es necesario. Significa una constante vigilancia de los competidores. Consiste en perseguir esos pequeños detalles que producen una gran diferencia en el servicio a los clientes.

El CEO de un gran banco global me explicó cómo su obsesión se basaba en proporcionar un servicio excelente a sus clientes. Durante una visita a una de sus sucursales, el director le indicó que había quejas de clientes sobre cómo recibían los extractos de sus cuentas cuando los pedían impresos. El CEO pidió algunos ejemplos. Cuando los llevaron al departamento de operaciones para su revisión, se comprobó cuál era el problema: se empleaban cartuchos de tinta de bajo coste que producían extractos con manchas cuando había múltiples líneas impresas. Además, se comprobó que el problema se producía en otras muchas oficinas del banco. Cambiaron el proveedor de los cartuchos de tinta y la calidad de los documentos impresos mejoró, reduciendo además el coste de reimpresión de los defectuosos. Cada detalle contaba para él cuando se trataba de perseguir su obsesión por la satisfacción de clientes.

Positivo

He procurado mantener una mentalidad positiva que generase esa misma positividad a mi alrededor. Ser positivo no significa estar alejado de la realidad. Es adoptar una actitud proactiva sobre lo que es posible realizar. Va de estar listo para disfrutar las cosas buenas que están ocurriendo. Decir gracias, ser agradecido a la gente, clientes o proveedores, reconocer la contribución de individuos o equipos. Ser positivo es sonreír y percibir el lado maravilloso que nos ofrece la vida. Es creer en las personas, apoyándolas y aceptando sus reacciones. Es estar abierto a escuchar y destilar lo bueno de lo recibido.

Los retos se convierten en oportunidades con una mentalidad positiva. Aplicando esta manera de pensar se puede hacer posible lo imposible. Debatir ideas, atacar problemas y emprender nuevos proyectos con una perspectiva de confianza facilita mejores resultados. Genera la actitud del sí-podemos al enfrentarse a problemas. Las dificultades se convierten en barreras que sobrepasar y no en obstáculos insalvables.

En uno de nuestros eventos con los cien principales directivos de la compañía, introdujimos lo que llamamos *el club de lo imposible*. Lo diseñamos para inspirar al equipo a liderar con esa mentalidad positiva e inspirar a otros a no abandonar. Como símbolo de esta determinación, cada uno debía escribir su nombre en un papel e introducirlo en una urna si estaban dispuestos a ser miembros del club. Usamos referencias de deportistas y líderes que habían hecho de la lucha por el imposible su razón de ser. Continuamos usando esa actitud de sí-podemos en múltiples conversaciones cuando debatíamos situaciones complicadas, haciendo referencia al club de lo imposible como el compromiso colectivo de alcanzar objetivos retadores.

Pero mantener un espíritu positivo no es fácil. He descubierto, que debe ser un poder altamente internalizado. Siempre habrá ocasiones con fuerte viento en contra que pondrán tu propia confianza en duda. Tu habilidad de mantener la consistencia, y continuar confiado acerca del futuro gestionando esas dificultades, es clave.

Es importante presentar mensajes realistas cuando se trata de la evolución del negocio. Siempre he tratado de equilibrar la perspectiva positiva con la transparencia y claridad de los hechos. Sería un grave error compartir resultados con un mensaje meramente positivo si no son suficientemente buenos. Sin embargo, siempre habrá áreas de buena evolución que resaltar. Esto ayuda a crear confianza en el futuro. En el fondo, tu positivismo no debe ocultar situaciones difíciles, pero debe ayudar a afrontarlas y superarlas. Tu credibilidad es fundamental.

Recuerdo un grave problema en los servicios de un centro de procesos datos que gestionábamos que estaba situado en una ubicación obsoleta. Algunos clientes no recibían la calidad de servicio que esperaban y, por supuesto, nosotros estábamos igualmente descontentos.

En una reunión con un cliente tuvimos una dura conversación —su página web externa había sido afectada y, por tanto, sus clientes finales—. Decidimos tomar una actitud proactiva, reconocimos el problema, nos disculpamos, pero, al mismo tiempo, presentamos un plan detallado para recuperar y transformar la situación. Solicitamos su involucración, compartimos nuestra confianza en nuestra capacidad de ejecutar. Unos meses después del incidente, me reuní con el mismo cliente. Estaban satisfechos con el servicio, pero aún más importante, reconocieron nuestra actitud positiva, incluso afrontando un problema.

Una actitud positiva de sí-podemos marcará la diferencia en tu entorno.

Apasionado

La pasión ha sido una característica distintiva a lo largo de mi carrera. Para gestionar retos, disfrutar de oportunidades, dirigir una transformación y liderar tu equipo, necesitas sentir la pasión por tu trabajo. El papel del CEO exige altos niveles de energía todo el tiempo. La resiliencia requerida para una posición tan demandante debe tener su fuente en tus más íntimas creencias. La pasión es poner todo tu corazón tras tus actos y compromisos.

Todo el mundo, empleados o clientes, percibirán tu pasión por el negocio. Se identificará como un elemento fundamental para ejecutar el propósito de la compañía, la contribución a la sociedad y la voluntad de producir un impacto. Tu mirada, el tono de tu voz y tu lenguaje corporal lo transmitirán.

La pasión demuestra que estás completamente inmerso en la tarea de triunfar como CEO. Debes sentirlo o, en otro caso, lo pasarás mal. Puede que sobrevivas, pero no lo disfrutarás. Estar de lleno en la tarea, sin restricciones ni límites, es imprescindible si quieres tener la mejor experiencia como CEO y producir el mayor impacto posible.

Yo sentía esa pasión por el papel como CEO. Incluso afirmaba que haría el 80 % de mi trabajo gratis. El placer de reunirme con clientes, trabajar con intensidad codo con codo con el equipo, innovar creando nuevos servicios, esas son oportunidades únicas.

A los pocos días de ser nombrado, tuve una larga conversación con mi jefe sobre mis ideas y planes y cuáles eran las prioridades que seguir.

Repasamos los detalles del plan de noventa días que yo había esbozado. Al final de nuestra charla, me preguntó cómo me sentía. Dije: «Me siento privilegiado. Este es un trabajo fantástico a pesar de ser a la vez un reto. Creo que hay gente que pagaría por hacerlo». Sonriendo, me preguntó: «Vas tú a pagar por ello?». Me reí, contestando: «Gracias. De momento prefiero tener un sueldo».

No es una exageración afirmar que debes tener esa sensación. Ser CEO no es sólo un trabajo. Debes hacerlo personal para rendir al máximo. El poder detrás de tus actos emerge de tu corazón y de tus valores más sólidos.

Estábamos en una acalorada discusión con algunos colegas, hace unos años, sobre los problemas generados por un nuevo proveedor que no había entregado sus soluciones a tiempo. Estaba afectando nuestra habilidad para llevar al mercado una solución innovadora altamente demandada por nuestros clientes. Yo estaba realmente frustrado y disgustado porque ello implicaba que estábamos fallando a nuestros mejores clientes. Uno de mis colegas me dijo: «Luis, no te sientas tan mal. No te lo tomes como un asunto personal». Le contesté: «Gracias, pero para mí esto es personal». No era una simple tarea, nuestra capacidad de proporcionar un servicio de alto nivel se ponía en riesgo. Yo estaba dispuesto a poner mi pasión por los clientes para revertir la situación.

EQUILIBRADO

He encontrado el puesto de CEO increíblemente exigente intelectualmente. Pero también lo es física y emocionalmente. Ello implica que debes alcanzar un buen equilibrio entre todos los aspectos de tu vida. La mente, el cuerpo y el alma requieren tu atención.

Solo tenemos una vida. De forma que cuando la gente habla de equilibrio entre vida personal y trabajo, hay riesgo de pensar que no vivimos mientras trabajamos. El trabajo es parte integral de tu vida, y en este tipo de posición, especialmente, supone una larga proporción de tiempo. De hecho, será la mayoría de tu tiempo. En algunas conversaciones como mentor, siempre recomiendo tomar una perspectiva integrada de tu tiempo. Es tu bien más escaso, y requiere una cuidadosa administración de su uso. En la vida, debe haber tiempo para tu trabajo, la familia, los amigos y para ti mismo. Cuánto espacio asignas a cada uno variará dependiendo de la fase o situación en la que estés. Para mí, sería muy frustrante considerar el trabajo como algo opuesto a la vida. Alcanzar el correcto equilibrio requiere un alto nivel de madurez personal. Pero tú eres un único ser viviendo múltiples experiencias, donde cada una se enriquece con las otras.

Para alcanzar el equilibrio, necesitarás fuentes de energía. Mi familia es uno de mis principales fundamentos. Mi mujer, mis cuatro hijos y sus parejas, y ahora mis nietos, me proporcionan el apoyo y el cuestionamiento que necesito. Están dispuestos a ayudarme y debatir sobre proyectos o preocupaciones. Están listos para hacerme reconsiderar mis ideas si piensan que estoy equivocado. Ello me proporciona una ingente cantidad de energía para afrontar nuevas aventuras.

Hace tiempo, fui elegido ingeniero de Telecomunicaciones del año. Llegué contento y orgulloso a casa deseando contárselo a mi familia. Uno de mis hijos me preguntó: «¿Papá, eres el mejor de los ingenieros de telecomunicaciones del mundo?». «Solo de España», contesté. «Está bien de todas formas», sonrió condescendiente. Desde luego me mantuvo con los pies en el suelo.

Recuerdo un colega compartiendo su frustración por no poder pasar tiempo suficiente con sus hijos, y que ellos no compartían con él nada sobre el colegio o sus amigos. Mi respuesta fue que no es solamente sobre la cantidad de tiempo, sino sobre la calidad. Le pregunté si él compartía cosas acerca de su actividad en el trabajo. Si le cuentas a tu familia lo que haces y cómo te sientes sobre ello, es más probable que se encuentren más cómodos desvelando sus propias vidas. Mis hijos, y por supuesto mi mujer, siempre han estado al tanto de lo que ocurría en mi trabajo. Incluso cuando eran muy pequeños, les explicaba los principales productos y servicios de las que estábamos orgullosos, y por qué lo disfrutaba tanto. Y, desde luego, algunos de los retos y dudas que a veces me asaltaban. De alguna forma, a cambio mis hijos compartían sus historias y sentimientos del colegio o sus deportes.

Encontrarme con gente, empleados o clientes, es otra fuente esencial de energía para mí. Aprendo siempre algo de cada conversación, lo que las hace refrescantes e inspiradoras.

Los viajes, agendas muy apretadas o las comidas de negocio no son los mejores amigos de la salud. Para desempeñar el trabajo de

CEO, hay que estar en forma. Debes conocer cómo funciona tu cuerpo, el efecto de las distintas comidas, la importancia de los niveles de glucosa o el impacto de comer cinco veces al día. El ejercicio abrirá tu mente, mejorando tus niveles de energía y reduciendo el riesgo para tu salud. Asegúrate de reservar tiempo para tu cuerpo, de la forma que decidas. Una forma de vida saludable te hará un líder más fuerte y eficaz.

Yo empecé a correr hace algunos años. Al principio, lo encontraba algo difícil y aburrido. Pero con el tiempo comencé a disfrutarlo. Aumentaba las distancias, variaba las rutas y descubrí que podía pensar y reflexionar sobre distintos temas de una forma diferente. También usaba el tiempo para escuchar música o aprender un nuevo idioma. Esos momentos corriendo se convirtieron en momentos especiales para estar conmigo mismo. Una burbuja en la que me retaba para hacer una marca mejor, o alternarlo con entrenamientos de alta intensidad como complemento. Debes hallar la mejor manera de cuidar tu cuerpo y disfrutarlo.

Agendas saturadas de reuniones suelen dejar poco tiempo libre para ejercitar tu cerebro. Es imprescindible encontrar formas de dejar de pensar únicamente sobre tu trabajo. Liberar tu mente te ayudará a desconectar y tener una perspectiva fresca sobre cuestiones o problemas. Puedes hacer esto de múltiples maneras —un *hobby*, tiempo en familia, leyendo novelas o con cualquier otro método—. Descubre cual te encaja mejor. Lo necesitas. Pero no lo dejes solamente para el paréntesis veraniego como solemos hacer.

Personalmente, me gusta hacer sudokus con un objetivo limitado de tiempo. Así que, cuando vuelo, espero a que la señal de abrocharse los cinturones se encienda, y me reto para terminarlo antes de tomar tierra. Es una forma sencilla de forzar a mi cerebro para ejercitarse de forma diferente. Últimamente, he empezado a aprender a tocar el piano, una tarea de increíble dificultad que requiere mi plena atención. Es fantástico también para el desarrollo de otras áreas del cerebro.

Para conseguir un completo equilibrio, es necesario considerar también cómo cuidar tu alma. La parte espiritual es quizás una de las que es menos frecuente atender. He visto cómo las culturas asiáticas gestionan esto mejor que las culturas occidentales. Recomiendo empezar practicando de la forma que mejor se adapte a ti. Para mí la meditación, por ejemplo, es una buena receta en momentos de estrés, haciéndolo consigo un mejor equilibrio y paz interior, felicidad y calma. Me ha ayudado a manejar los momentos difíciles y a disfrutar más los buenos.

2.2 Dimensión de ENGAGEMENT. Tus capacidades para conectar

La dimensión orientada al *engagement* es la que utilizas para establecer las conexiones con el mundo exterior. Estas capacidades son las que ayudan a crear relaciones sólidas y valiosas. Son la base para comunicar, llevar al equipo contigo, aprender y construir una robusta red de asociaciones. Debes inspirar, escuchar con curiosidad, ser humilde en el aprendizaje, empático y mantenerte conectado con el mundo.

Inspirador

Estoy convencido de la importancia de dedicar tiempo de calidad para tratar de inspirar a tu equipo. Como CEO, especialmente combinando las dimensiones de *evangelist* y *execution*, debes ser capaz de inspirar a todo tipo de grupos —no solo con tus mensajes, sino también con tus acciones. La sombra que proyectas es mayor de lo que piensas—. De esta forma, la inspiración se genera tanto o más con lo que haces que con lo que dices.

Inspirar a través de tus comunicaciones debe ser un objetivo permanente. No todo el mundo es un comunicador natural. Quiero decir que, como otras capacidades del CEO, puede aprenderse, educarse y desarrollarse. No seas tímido en pedir ayuda. No hay mejor improvisación que la ensayada cinco veces. Significa que la audiencia te importa y estás dispuesto a invertir el tiempo necesario que asegure un mayor impacto.

Aprendí que cuando quieres comunicar con un equipo grande, es aún más importante, ya que hay menos oportunidades para interactuar con ellos. En una de mis posiciones como CEO, contábamos con más de veinte mil profesionales en 62 países. Para obtener el máximo impacto en cada ocasión invertíamos mucho tiempo preparándolas. Utilizaba mapas mentales para visualizar los mensajes que quería compartir. Trabajaba de cerca con el equipo de comunicación interna que me apoyaba, debatíamos el tono que emplear, los mensajes principales y qué buscábamos como consecuencia de la video o audioconferencia. Una buena preparación asegura una mejor entrega de un mensaje que inspire. Invierte tiempo de calidad en la preparación.

Cuando se trata de inspirar, siempre hay un qué y un cómo. Mensajes claros que conecten tanto con el lado intelectual como al emocional de tu audiencia tienen más impacto que exclusivamente suministrarles datos. Adicionalmente, la forma en que los compartas marcará una gran diferencia.

Cuando estábamos realizando una restructuración significativa de la empresa, queríamos asegurar que toda nuestra gente se sentía involucrada. El equipo de comunicación interna sugirió emplear la técnica de contar historias (*storytelling*) para explicar el plan, por qué estaba ocurriendo, lo que buscábamos y por qué el papel de cada persona era importante. Fue fundamental para conseguir la implicación personal de todo el equipo alrededor del mundo. Denominamos al programa «La diferencia eres tú». Organizamos 250 eventos a lo largo de todas nuestras sedes. La práctica totalidad de nuestros empleados pasaron por ellos y participaron activamente. Nos aseguramos de que siempre hubiera miembros del equipo directivo presentes en los eventos. Se convirtieron en un conjunto de oportunidades únicas para inspirar y motivar.

Escuchar desde la curiosidad

El CEO debe practicar la escucha activa. La mejor forma de aprender sobre el negocio, y obtener *feedback* de clientes y empleados, es teniendo conversaciones en las que la mayoría del tiempo eres el receptor. Mi abuela solía decirme: «Tienes dos ojos, dos oídos y una boca, úsalos proporcionalmente». Como líder empresarial, a veces me ha costado hacerlo. Me gusta llevar la voz cantante. Tengo opiniones bien definidas basadas en mi conocimiento y experiencia de unos cuantos años. Por ello, encuentro que es más fácil expresarlas primero. De hecho, la gente puede esperar que el CEO lo haga. Sin embargo, si no eres cuidadoso, te arriesgas a perder la opinión y experiencia del resto del mundo: todas las que tú no posees.

En numerosas ocasiones me he encontrado hablando demasiado. En un desayuno de empleados con un equipo en el norte de Inglaterra, estaba en una las mesas compartiendo mi perspectiva del negocio y cómo la tecnología estaba cambiando nuestra forma de operar. En los últimos cinco minutos, cuando me detuve y permití tiempo para comentarios, me sentí avergonzado. El equipo empezó a hacer anotaciones muy acertadas. Me di cuenta de que había perdido una oportunidad por no dejarles compartir sus pensamientos, preocupaciones o ideas. Haber empezado con sus sugerencias y construir desde ahí hubiera sido mejor. Aprendí una lección.

La curiosidad es una herramienta poderosa cuando se emplea en las relaciones con clientes. Ser curioso significa interesarse por sus negocios, las tendencias de su sector o su estrategia. A mí no me gusta empezar por hacer una presentación extensa de nuestras capacidades y servicios sin haber escuchado previamente las prioridades o necesidades del cliente. Estar listo para preguntar y escuchar activamente puede transformarse en una excelente herramienta de venta. Una sincera curiosidad también aumentará tu conocimiento del mundo. Desarrollar esta actitud inquisitiva te facilitará profundizar cuando analices problemas.

He aprendido que preguntar complementa tu inclinación natural a proporcionar directrices y orientaciones. Hace que la gente piense, se involucre y se convierta en parte del proceso de solución de los problemas y de la creación de nuevas ideas.

HUMILDE PARA APRENDER

Para ser CEO, necesitas tener un ego elevado. Con ello, me refiero a que requieres un alto grado de confianza en ti mismo. Debes entender y creer en tus fortalezas y capacidades. Sin embargo, debes desarrollar igualmente tu humildad. Lo aprendí cuando asumí mi primer puesto como jefe, justo después de cumplir veintiséis años. Tenía altas expectativas sobre mí mismo, y probablemente estaba excesivamente confiado. Entonces, hubo un terremoto organizativo con varios cambios de responsabilidades en distintos niveles y a mí me trasladaron a una nueva posición en la que tuve que empezar prácticamente desde cero. Me hizo revisar mis capacidades reales y cómo iba a aportar en el nuevo puesto.

Ser humilde significa también estar dispuesto a cambiar de idea. Implica reconocer que otros pueden saber más que tú, e incluso si piensan diferente, pueden tener razón. Como CEO tener opiniones fuertes y hacerlas explícitas es normal. Dejar espacio para ser cuestionado es esencial para tomar mejores decisiones. Requiere refrenar tu reacción y evitar deducir conclusiones demasiado rápido.

Mostrar humildad, reconociendo que aún debes aprender, extenderá el mismo comportamiento a lo largo de la organización. Puedes crear una cultura de aprendizaje, estando dispuesto y abierto a adquirir nuevo conocimiento y experiencia.

Debes también estar listo para seguir aprendiendo a través de múltiples fuentes. A lo largo de los años, he acumulado una lista de publicaciones, revistas *online* o escritores en redes sociales que empleo como mis fuentes de información. Leo artículos, veo videos, sigo autores, y comparto algunas de estas noticias e informaciones con mi equipo. Algunos son periódicos bien establecidos, pero otros son medios alternativos o lugares donde se pueden encontrar noticias menos visibles. Me ahorra mucho tiempo, y me da un nivel de visión y de conciencia indispensables.

Empático

Creo que un gran CEO debe permitir que la gente le conozca. Un líder cercano a su equipo ganará más apoyo que uno distante. Para crear empatía, debes conectar con lo que motiva a la gente. Siempre he intentado entender el contexto personal y las ambiciones profesionales de mis colaboradores. Alinear los objetivos de la compañía y sus aspiraciones personales facilitará su consecución. Tú puedes ser el puente de unión entre ambos.

También debes estar abierto a estar expuesto. Ser vulnerable facilitará la conexión con la gente. Ellos quieren conocer a la persona que hay detrás del puesto.

Un líder de equipo pidió tener al CEO en una de sus reuniones para conectar mejor con los directivos. La sesión fue algo tensa al principio, ya que hicieron algunas preguntas comprometidas y directas sobre la falta de recursos, la complejidad de la comunicación y plantearon que sus compensaciones eran inferiores a lo que pensaban que se merecían. Respondí sinceramente, también les pregunté sobre sus retos, pero también compartí abiertamente a los que me enfrentaba como CEO. Por ejemplo, una persona afirmó que no le gustaban los mensajes largos y complicados, e indicó su preferencia por mensajes cortos. Pero a su vez, un colega le contradijo, diciendo que valoraba más mensajes ricos en contenido que le permitieran entender el detalle de las cuestiones presentadas. Incluso en la misma sala se palpaban las discrepancias. Les expliqué mi propia dificultad a la hora de diseñar y adaptar la comunicación a gente diferente con preferencias diversas. Aunque no había una respuesta que fuera la correcta, el equipo apreció la oportunidad de tener esa conversación, y acabó comprendiendo algo más, no solo acerca de la fuente de sus frustraciones, también sobre los retos de mi papel como CEO. Pasamos entonces, a un tono más personal de la conversación, y pude compartir historias sobre mi familia y mis aficiones. Para ellos, fue una oportunidad de conocer a la persona detrás del puesto. Y funcionó. En la siguiente encuesta de empleados, la pregunta sobre su percepción de los directivos mejoró en ese equipo en más de veinte puntos.

La empatía se crea principalmente en momentos informales, conversaciones en las que el lado humano del CEO se hace visible. Esas situaciones son memorables para ciertas personas.

En una reunión con especialistas técnicos, uno de ellos me refirió algo que había permanecido en su memoria. Me contó que hacía unos años había estado preparando una oferta para un gran cliente. Pasé por delante de su mesa, me detuve y le pregunté en qué estaba trabajando. Continuaba agradecido por el tiempo que dediqué revisando y debatiendo juntos la oferta y las sugerencias que propuse para mejorarla. Esos momentos informales crean empatía con el equipo, y se convierten en un factor clave de motivación.

Lo mismo aplica a clientes. Ya sea en momentos clave, como cuando tienen un gran problema, o bien en pequeñas cosas, como felicitarles por el aniversario de su compañía o por un nuevo proyecto ganado. Esos detalles ayudan a construir relaciones más allá de cualquier contrato o acuerdo comercial.

Un terremoto en Sudamérica tuvo un gran impacto en uno de nuestros clientes. Tenían problemas para contactar con sus factorías y con su gente, y no podían dar servicio a sus propios clientes. Les ofrecimos nuestro apoyo. Recuperamos algunas conexiones mediante el uso de comunicaciones por satélite, lo que permitió a los empleados hablar con sus familias y realizar algunas actividades operativas básicas que eran críticas para su negocio. Unas semanas más tarde, tuve una conversación con los directivos locales. Estaban tremendamente agradecidos por la rápida y generosa respuesta, y alabaron a nuestro equipo y su vocación de servicio. Aseguraron que nunca lo olvidarían.

CONECTADO

Estar conectado con el mundo exterior es imprescindible para mantener los pies en la tierra. Es también una gran oportunidad de tener visibilidad como líder, apoyando los objetivos de tu compañía. Te recomiendo desarrollar esa red de relaciones a lo largo de tu carrera. Mantener contacto de forma regular, siguiendo los distintos derroteros que pueda tomar cada persona, es la forma óptima de construir una gran comunidad personal y de negocios: tu comunidad de conexiones.

La primera vez que me reuní con Keith Ferrazi, autor de *Never eat alone*, charlamos sobre la importancia del *networking*. Su labor apoyando equipos de ventas durante muchos años le había convencido sobre el poder de establecer un sólido conjunto de relaciones. Cada conversación es una oportunidad de conectar con alguien, y añadir experiencia y conocimiento a nuestro bagaje. Es también el fundamento para unas posibles opciones de negocio en el futuro. Usar habitualmente las redes sociales de negocios me ayuda a permanecer en contacto e, incluso, a crear nuevas conexiones. Pero el verdadero arte está en mantenerlas. Yo disfruto cuidando estos contactos mientras nos seguimos mutuamente a lo largo de nuestras carreras. En un buen número de casos hemos pasado a ser amigos más que meros conocidos.

Estar conectado externamente permite también crear liderazgo intelectual y convertirte en un líder con cierta influencia. Puedes desarrollar tu marca personal o simplemente ser una figura visible de tu empresa.

Decidí tomar un alcance mixto. Nunca debes compartir o publicar opiniones que entren en conflicto con las de tu compañía. Siempre he sido cuidadoso al publicar contenido. Como CEO, no existe algo que se pueda considerar solamente como una opinión personal. Sin embargo, hay artículos, perspectivas o noticias que al publicarlas pueden incrementar tu influencia en el mercado y con ello ayudar a la imagen de tu empresa. Por ejemplo, suelo publicar blogs, con el apoyo de mi compañía, para el Word Economic Forum. En uno de ellos, me preguntaba si un robot podría sustituir a un CEO. Considerando la creciente penetración de la inteligencia artificial, era una cuestión provocadora y de actualidad. Mi conclusión era que el número creciente de herramientas de ayuda a la toma de decisiones que se desarrollan permiten analizar mejor la información y así ser más eficiente. El artículo provocó conversaciones y debates interesantes, y ayudó a mejorar mi reputación.

La época de la pandemia del covid-19 provocó la necesidad de multiplicar la presencia en redes sociales para mantenerse conectado. Realizamos un vídeo que publicamos con amplia difusión con sugerencias acerca de lo que un líder debía aplicar para una óptima implantación del teletrabajo. Acciones como mantener a los equipos informados, asignar claramente las tareas y chequear el estado de ánimo ante la complejidad y la incertidumbre eran parte de las propuestas a otros líderes empresariales.

Finalmente, debes estar conectado a la realidad social. Las personas con retos sociales o económicos no pueden ser olvidados. Debes estar conectado con organizaciones sin ánimo de lucro, explorando cómo es posible contribuir desde tu posición. Tu visibilidad inspirará a otros si estás realmente comprometido, o si facilitas el voluntariado o la recogida de fondos para causas. Puedes marcar la diferencia desde tu posición.

Un buen ejemplo es la asociación del Prince's Trust en el Reino Unido, cuya actividad me resulta realmente inspiradora. Sus programas para integrar jóvenes con dificultades, que los ayudan a recuperar su confianza y entrar en el mercado laboral, son dignos de elogio. Tuve la ocasión de participar en varios de sus eventos y, en cuatro años consecutivos, lideré un equipo ciclista en la carrera anual entre el palacio de Buckingham y el castillo de Windsor. Coincidimos con escuadras ciclistas de muchas empresas que tomaban parte en la carrera para recaudar fondos para la causa. Fue una gran experiencia personal, especialmente la última de ellas que corrí con tres de mis hijos. Ellos eran de la misma edad de aquellos a quienes la organización ayudaba. Me di cuenta de cómo de privilegiados somos, y cuán fácilmente lo olvidamos.

2.3 *EXECUTION*. LOS PODERES PARA EJECUTAR

Siempre siento un alto grado de satisfacción personal asociado a alcanzar metas. La dimensión de ejecución es la más pragmática y la más orientada a resultados. Estas capacidades son las que usarás para buscar un alto rendimiento. Serán la base de tu habilidad para conseguir objetivos a los que aspiras para ti y para el equipo. Debes mantener el foco, ser disciplinado, rotundo en tus decisiones, irracional en tus exigencias, emprendedor en tus perspectivas y resiliente al enfrentarte a las dificultades.

ENFOCADO

El tiempo es uno de los recursos más escasos con que contamos. Por tanto, gestionar bien tu agenda y tu planificación personal será un diferenciador, un elemento clave para alcanzar el éxito. Y si en tu equipo cuentas con un asistente, la forma en que trabajes con él o ella determinará, en cierta forma, tu productividad. Creando un equipo eficaz, ahorrarás tiempo, y podrás responder adecuadamente a tus mensajes, optimizar tus reuniones y alcanzar mejores resultados. Yo lo conseguí, por ejemplo, aclarando consistentemente: «¿Para qué es esta reunión?». También aseguré que mi oficina orientaba a otros sobre cómo prefería recibir información: la clase de resúmenes de clientes que mejor funcionaban para mí, o cómo prefería estar informado sobre problemas. Tu oficina puede también ayudar a establecer las prioridades en las reuniones u organizar con anticipación conversaciones sobre eventos relevantes. Ello me ha facilitado disponer de más tiempo para centrarme en aspectos críticos.

Puedes hacer la vida de tu equipo más fácil y aumentar su eficiencia siendo disciplinado, no solo en los asuntos que tratar, sino también en cómo organizar y liderar las reuniones. Si no estás enfocado y no eres disciplinado, incrementarás el caos a tu alrededor generando un efecto negativo que se multiplicará en el resto de la organización.

Solíamos dedicar un día a la semana para las reuniones sobre nivel de servicio a clientes y el seguimiento de los proyectos de transformación, siempre con agendas previas. Los presentadores debían enviar la documentación anticipadamente para poder leerla y mantener durante las sesiones el foco en el debate. Cuando la información no había llegado, no tratábamos ese tema. Encontré esencial mantener esa disciplina. La amplia variedad de asuntos que pasan por tu mesa requiere conmutar frecuentemente de un tema a otro muy diferente. Ser capaz de hacer esto en segundos es una capacidad que tuve que desarrollar. Una vez iniciada la siguiente discusión, debía centrarme en ella. No podía dejar mi mente anclada en la anterior.

Estar enfocado requiere decidir qué datos usar para tomar decisiones. Tendrás que discernir qué información es relevante y cuál es accesoria. El tiempo es esencial, por ello, datos precisos y de alta calidad son críticos para ti.

En una discusión sobre información relevante con el responsable de recursos humanos de una firma de consultoría, caí en la cuenta en uno de esos ejemplos de información inútil. Comentábamos qué datos eran necesarios para efectuar comparaciones entre regiones. Ella me dijo que, en otra empresa, tuvieron una acalorada discusión sobre sueldos. Un dato que tomaban como referencia era el salario medio por empleado. Rápidamente se dieron cuenta de que era irrelevante, ya que las condiciones de mercado variaban por país –comparemos Alemania con India, por ejemplo–. Es clave dedicar tiempo a asegurarse que te enfocas en información relevante.

Las áreas de foco variarán también durante el año dependiendo del ciclo presupuestario o la preparación de ofertas especiales para clientes. También cambiarán según tu situación personal.

Cuando iba a dejar BT, me enfoqué en el periodo de salida y creé un plan de los últimos 30 días que incluía colaborar con mi sucesor, gestionar los mensajes con clientes, charlar con el equipo y elaborar actualizaciones sobre los proyectos críticos. Mantener el foco en ese periodo aseguró una transición suave. Ello da confianza a tu sucesor, tu equipo, tus clientes y todos los participantes en el ecosistema, sentando las bases de la siguiente fase del proyecto que habías liderado hasta el momento.

Determinado

Tomar decisiones es uno de los privilegios del CEO. Sentía una fuerte responsabilidad para hacerlo de la mejor forma posible. Debes elegir fuentes adecuadas de información y facilitar tiempo para el debate. Sin embargo, debes ejecutar lo decidido con determinación. En ocasiones, tendrás que decidir por opciones que pueden ser menos obvias, o por alternativas que no cuentan con todo el consenso del equipo. A veces, tuve que dejar claro que, como CEO, no estaba liderando una democracia. La tarea es asegurar que hay tiempo para el debate y la discusión. Una vez tomada la decisión el equipo debe centrarse en la ejecución.

Hace unos cuantos años, discutía con el secretario del consejo sobre la respuesta a un concurso público, y por qué deberíamos presentar una oferta a un precio determinado. Era una decisión difícil de tomar. Me proporcionó los hechos basados en proyectos anteriores, pero, dados los riesgos, no se sentía confortable haciendo una recomendación. Percibía que él preferiría no presentar la propuesta, pero yo pensé que era un riesgo que debíamos asumir. Ganamos el proyecto y se convirtió en el inicio de un exitoso negocio en el sector público.

IR MÁS ALLÁ DE LO RAZONABLE

El CEO debe generar un entorno de una saludable exigencia. A veces, algunas peticiones pueden parecer irracionales en un primer vistazo. Sin embargo, alcanzar su consecución resultará en una mejora dramática del rendimiento del equipo. El CEO tendrá que desarrollar una metodología y un instinto para distribuir objetivos exigentes pero justos.

El poder de ser irracional producirá una cultura de alta ambición. Pero si los objetivos son realmente inalcanzables, pueden provocar una profunda desmotivación del equipo.

He aprendido, sin embargo, que las personas y las organizaciones pueden hacerlo mejor de lo que, *a priori*, creen. El deporte es un campo en el que inspirarse. La mayoría de los récords mundiales son respuestas a exigencias irracionales. La lección que podemos aprender es que esas exigencias no se establecieron puramente de arriba hacia abajo; el individuo o el equipo fueron quienes se fijaron esos objetivos más allá de lo razonable y trabajaron juntos para conseguirlos. Esa es tu labor.

La tarea no es solo pedir más, es imbuir en todos y cada uno la firme aspiración de ir más allá. La satisfacción con los resultados alcanzados puede complementarse con la ambición de superarlos sistemáticamente. Es clave conseguir el correcto equilibrio.

Un cliente me dio un buen consejo. Era el responsable del centro de servicios donde recogía los pedidos de nuevo equipamiento para sus propios clientes. En una de sus reuniones revisaron el porcentaje de pedidos que eran correctos la primera vez que se introducían en el sistema. Eran el 93 %. Así que el equipo fijó como nuevo objetivo introducir el 95 % de los pedidos de forma correcta la primera vez. Él les preguntó: ¿Y por qué no aspirar al 100 %? Las acciones que el equipo tenía que poner en marcha eran las mismas, ya fuera para alcanzar el 95 % o el 100 %: asegurar que las direcciones de los clientes fueran correctas, introducir la configuración exacta de los equipos o el precio sin errores. ¿Por qué parar en el 95 %. ¿Era irracional aspirar al 100 %? Tal vez. Pero su cuestión tenía sentido como reto al equipo.

Emprendedor

Trato frecuentemente con emprendedores. Es la razón por la que estoy convencido de que debes desarrollar mentalidad de emprendedor. Una capacidad que es ciertamente complementaria con el perfil del CEO tradicional.

Ello significa que debes estar listo para tomar riesgos de una forma menos tradicional. Algunos pueden argumentar que es porque los emprendedores, especialmente en sus etapas iniciales, tienen menos activos que perder. En cualquier caso, su apetito por el riesgo es diferente. Una buena comprensión de los riesgos que corres será un elemento esencial de tu capacidad para asumirlos.

Una mayor aceptación de niveles de riesgo debe compensarse con una reacción más rápida cuando las cosas se tuercen o cuando el mercado cambia. La agilidad se convierte en un diferenciador para el CEO emprendedor. Aparece como una ventaja competitiva. Interpretar el mercado y actuar con rapidez puede facilitar la entrada en nuevos segmentos o asegurar un aumento en el volumen de negocio.

Como el poeta Gael Attal escribió: «Un barco está a salvo en el puerto, pero no es para lo que se construyó». Ten en mente esta reflexión cuando evalúes asumir riesgos.

Otros elementos relacionados bajo este poder son la intuición y la disposición para innovar. Tendrás un amplio conocimiento y experiencia, lo que crea un sexto sentido de lo que es correcto. Esto se aproxima a lo que un emprendedor haría. No permitas que tu intuición perezca sepultada bajo toneladas de datos corporativos. Y en relación con la innovación, significa también estar dispuesto a parar y rearrancar cuando sea necesario.

Tras una de las épocas de vacaciones, decidí retornar a la oficina como si fuera nuevo en mi trabajo. No fue un ejercicio sencillo. Sin embargo, me planteé hacer las preguntas que alguien nuevo haría cuestionando por qué las cosas se hacían de la forma en que se hacían. Generó muchas conversaciones productivas, y acabamos parando algunas actividades y acelerando otras. Es tu lado emprendedor el que puede realizar esas afirmaciones y cuestionar esas prácticas que están ahí porque siempre lo hemos hecho así.

Resiliente

Te enfrentarás a momentos difíciles en tu trabajo. Creo que la resiliencia es el poder más importante a desarrollar para gestionarlos. Como líder tendrás que tratar con la incertidumbre. Entornos regulatorios que cambian, nuevos jugadores que entran en el mercado o, como hemos vivido, una pandemia o una guerra en un territorio cercano. Esta incertidumbre afectará a tu equipo, que girará sus ojos hacia ti buscando respuestas. Tú no vas a ser capaz de proporcionar la certidumbre que esperan, pero podrás explicar la situación y cómo vivirla.

Un aspecto menos esperado de ser CEO, en el que uno puede sufrir, es la soledad. Te encontrarás frente a decisiones que solo tú puedes tomar. Ya sea en una encrucijada estratégica o cuando debes pedir a alguien de tu equipo que abandone la compañía. Incluso teniendo aliados y personas de las que te puedes fiar, sentirás esa soledad en muchas ocasiones. En esos momentos es cuando la resiliencia es más necesaria.

También vivirás la derrota y los errores. Tendrás la tentación de abandonar. El fallo puede venir dado por decisiones que hayas tomado o por situaciones inesperadas. Estos golpes pueden aparecer, por ejemplo, cuando pierdes un contrato en el que habías invertido mucho tiempo y esfuerzo. Puede que hayas competido con todas tus energías, y aun así perdido. Te sentirás frustrado y enfadado. Es ahí donde tu capacidad de recuperarte juega un papel esencial. Mantener la calma y mirar hacia adelante será esencial para sostener al equipo unido en mitad de la tormenta.

Trabajamos durante meses compitiendo en un concurso para una compañía petrolera. El equipo se hallaba confiado en que ganaríamos. Habían trabajado día y noche incluidos fines de semana. Era una referencia muy importante en su sector y nuestra propuesta era de mucha calidad. Pero perdimos. El equipo estaba muy frustrado. Algunos decían que jamás ganaríamos un negocio como ese. Era muy duro estar trabajando denodadamente en un gran proyecto de este calibre durante un largo periodo de tiempo y correr el riesgo de no ganarlo. Junto con el director comercial nos reunimos con el equipo para agradecerles el esfuerzo realizado. A pesar de no haber ganado en esa ocasión, podríamos reutilizar lo realizado y aprendido en otras ofertas para otros clientes. Su trabajo no se había desperdiciado. También fuimos a ver al cliente, reafirmando nuestra voluntad en seguir compitiendo en futuras oportunidades. Apreciaron nuestro gesto y organizamos una sesión para entender por qué habíamos perdido. Empleamos la sesión para aprender. Seguir invirtiendo tiempo con el cliente a pesar de nuestra derrota nos puso en mejor posición para la siguiente oportunidad. Ocho meses después aseguramos un volumen significativo de negocio, creando incluso una relación más sólida con el cliente.

Hacer frente a situaciones inesperadas requiere una resiliencia aún mayor que cuando se producen escenarios ingratos pero predecibles.

Cuando en los inicios del 2020 la sociedad mundial se enfrentó a la pandemia, surgieron retos no planificados. Para el CEO, había que facilitar la protección del colectivo de sus empleados y sus familias, era necesario mantener la operativa del negocio en la medida de lo posible, se requería garantizar el apoyo a los clientes para asegurar su cadena de valor con sus propios clientes y la sociedad en general. Con videoconferencias diarias al principio y con menor frecuencia con posterioridad, buscamos reducir la incertidumbre, minimizar la angustia de nuestros empleados y sus familias e ir proporcionando herramientas y metodologías que les permitieran seguir realizando su trabajo. Nosotros vivíamos en el mismo entorno incierto, pero nuestra labor era estar cerca de nuestro equipo tratando de ser un referente basado en la resiliencia que fuimos construyendo juntos.

2.4 REFLEXIÓN

Hemos recorrido las capacidades fundamentales que requiere un CEO en sus tres dimensiones. Ser un maestro en todas ellas tomará tiempo. Sin embargo, es clave reflexionar en cuáles eres más fuerte y en cuáles debes mejorar.

Evalúate, en una escala de 1 a 5 (siendo 5 el mejor en eso), cómo te ves hoy para cada una de las capacidades. Haz lo mismo en un color diferente dónde te gustaría estar. Define el rango de tiempo en el que te propones alcanzar esa mejora. Plantea las acciones que puedas medir y establece los hitos para chequear el progreso.

Una forma visual de hacer esto es dibujando un gráfico de tela de araña por cada uno de los cinco grupos de cualidades que apoyan cada dimensión.

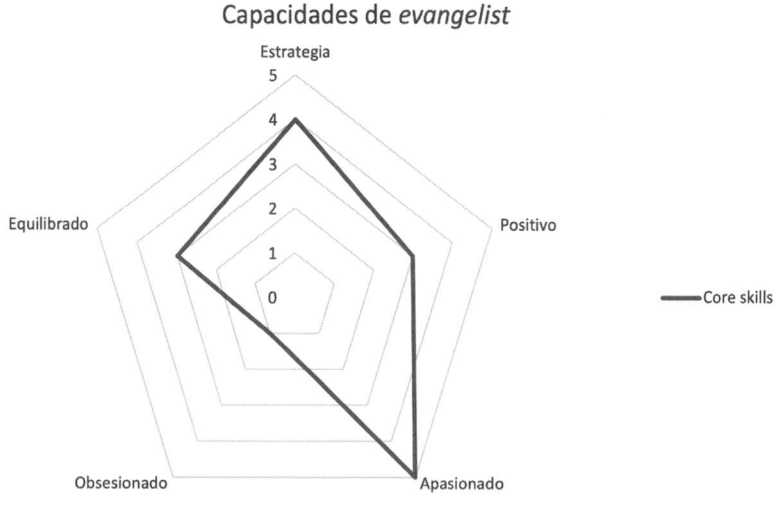

Figura 2.2. Capacidades de *evangelist*.

Fuente: *Elaboración propia*

3

CREAR UNA VISIÓN

3 CREAR UNA VISIÓN

No hay CEO sin visión. La primera tarea bajo tu dimensión como *evangelist* es crearla utilizando tu capacidad de pensamiento estratégico. Ello significa definir lo que tú y tu equipo queréis alcanzar, hacerlo memorable, conectar con las emociones del equipo, apoyarlo con hechos concretos y hacerlo relevante para el mercado en el que operas.

Una vez nombrado CEO, te preguntarás: y ahora qué. Hay numerosos libros y artículos sobre la cuestión, pero no existe ninguno específicamente para ti, el negocio que diriges y la circunstancias a tu alrededor en el preciso momento que te incorporas al puesto. Las expectativas del consejo, el mercado e incluso tu propia gente no siempre estarán claramente definidas. Todo el mundo espera que lideres, que el negocio acabe siendo uno mejor, una organización superior —sea lo que sea lo que eso significa—. Para ti mismo, quieres estar seguro de que cuando dejes la compañía, sea significativamente mejor que cuando empezaste. Aspiras a tener el orgullo y la satisfacción de dejar un legado con un valor incremental para quienes tienen relación con la organización: clientes, empleados, accionistas y la sociedad en general.

3.1 DEFINE LO QUE QUIERES CONSEGUIR

El primer reto, por tanto, es dejar claro qué deseas conseguir. Cuál es el destino de la organización que has empezado a liderar. Cuál es la visión. Cómo vas a crear esa visión que será el fundamento para la ejecución de los planes que la hagan realidad. Una visión bien articulada es clave, de forma que la puedas contrastar con quienes te rodean, asegurando que te ajustas a las expectativas y evitando malentendidos en el futuro. Será la base de la sostenibilidad del negocio a largo plazo.

Definir una visión con un amplio horizonte temporal no es sencillo. En 2010 viajé a la India, y visité durante 10 días distintas ciudades. Nos reunimos con grandes compañías, departamentos del gobierno y pequeñas organizaciones. Estuvimos también con organizaciones no gubernamentales, como la que apoya a los llamados «niños de la calle», así como con un buen número de profesionales de la industria tecnológica. Una de las lecciones que me traje surgió en la charla con el decano del Instituto de Tecnología de Bengaluru. Su reflexión fue: «Debes definir en qué quieres ser famoso. Nosotros hemos seleccionado unas pocas especialidades en las que queremos ser los mejores en 2020. Por ejemplo, en India, el tratamiento del agua es esencial para nuestros ciudadanos. Para ser el mejor en el mundo en 10 años, debemos comenzar ahora. Estamos reclutando los mayores expertos del planeta. Estamos creando un ecosistema de relaciones con grandes empresas y fondos del Gobierno que ayudarán a emprendedores en la materia. Y estamos poniendo en marcha nuevas carreras universitarias enfocadas a enseñar e investigar sobre el tratamiento del agua. Es una decisión colectiva de la comunidad empresarial, el Gobierno, la sociedad y las universidades para hacer del tratamiento del agua una materia en la que seamos líderes. Si no defines en qué quieres ser el mejor, no planificas, no ejecutas con otros y nunca ocurrirá. Es como un deportista que quiere ser el mejor, pero no decide en qué deporte».

Me hizo pensar. Desde entonces, he procurado entender en qué áreas queríamos ser famosos, los mejores, y alinear las inversiones, el talento que reclutábamos, situando el foco en el largo plazo sobre ello. Ese es el núcleo de la visión que construir.

Esa visión debe formar parte del conjunto de preguntas que toda organización debe ser capaz de responder.

Por qué existimos. Esa es la misión. Qué queremos ser. Esa es la visión. Cómo vamos a llegar allí. Esa es la estrategia ligada a la implementación.

A continuación, debes responder cómo vas a medir el progreso realizado. Ese es el cuadro de mando. Qué debe hacer cada unidad. Esos son los planes operativos. Y todo ello sustentado sobre los valores. En qué creemos y cómo nos comportamos. Esta es la arquitectura de tu negocio.

Tener respuestas claras hará posible que todo el mundo pueda contribuir y conecte emocionalmente con los objetivos de la organización.

3.2 Articula la visión

El siguiente paso es cómo crear o definir esa visión. La visión es una descripción a largo plazo de a qué aspiras como negocio. Es importante articular esa visión de manera que la puedas compartir y utilizar para inspirar a otros, haciéndolos sentir parte de ella.

Cuando me nombraron CEO, invertí unas pocas semanas en establecer la visión para el negocio. Empleamos un buen número de conversaciones con diferentes miembros de nuestro ecosistema empresarial intentando tener una visión completa construida conjuntamente. Fue esencial incluir componentes clave de nuestro negocio como parte de esa visión.

El primer componente eran los ingresos provenientes de la venta de productos y servicios. Nuestro objetivo era asegurar el foco de la organización en crecer en el núcleo de nuestros productos y clientes, incluso si otras áreas estaban en declive. Queríamos ser un negocio en crecimiento.

El segundo componente fue, como en casi cualquier compañía, la base de costes. Los costes no son buenos o malos en sí mismos, es la eficiencia lo que cuenta. El coste por unidad producida es más importante que la cifra del valor absoluto. Queríamos ser más eficientes cada día.

El tercer componente era la esencia de nuestro negocio: prestar servicio, comportarnos como una extensión de las operaciones de nuestros clientes. Clientes satisfechos compran más. Estábamos decididos a tener clientes encantados de trabajar con nosotros.

Finalmente, nuestra ambición era que nuestro equipo fuera realmente el diferenciador. Buscábamos crear un equipo que fuera un paso más allá en apoyar a sus clientes. Un equipo que sintiera la importancia de su labor para la empresa, para nuestros clientes y para la sociedad. Estábamos decididos a tener un equipo orgulloso de marcar la diferencia.

A esta visión la denominamos «la siguiente generación de Global Services». La visión era crear un negocio creciente, capaz de ser más eficiente cada día, con clientes encantados de trabajar con nosotros y un equipo orgulloso de marcar la diferencia. Cuatro elementos de una visión: crecimiento, rentabilidad, servicio al cliente y un equipo motivado. Y, por supuesto, definimos objetivos asociados a cada categoría.

Una vez definida la visión, es prioritario validarla con la organización. Puede ser con el CEO del grupo si diriges una unidad o un país, o directamente con el consejo de administración o con tus inversores. En cualquier caso, debes obtener una confirmación sin fisuras. ¿Por qué?, porque será la referencia a la que volver cuando surjan discrepancias o dudas.

La comunidad de analistas es también importante incorporarla. La visión debe ser atractiva para ellos, ya sean expertos de la industria que los clientes emplean como referencia cuando toman decisiones, o analistas financieros que efectúan recomendaciones sobre inversiones. Planificar tiempo con ellos es una actividad clave del CEO.

Como tal, tu papel como el *Chief Evangelist Officer* es facilitar la creación de la visión, compartirla dentro y fuera de la organización y definir el marco de actuación que haga posible la visión. Desde esta dimensión deberás crear algo único para inspirar a otros, una visión que movilizará a toda la organización.

3.3 Aglutina la organización en torno a una imagen

La visión no es algo para guardar en una estantería. Las organizaciones de éxito ponen su visión en el centro de todo lo que hacen. Cuando empieces a compartirla, tu ambición será que se convierta en algo memorable para el equipo. Todos sabemos que una imagen vale más que mil palabras. La cuestión es cómo asociar la visión con algo que sea inolvidable para las personas, conectar con algo que sea un referente para ellos. El reto es conseguir que todos puedan identificarse con la visión, ganándose sus corazones tanto como sus mentes. He descubierto que el mejor camino es a través de una imagen potente.

Asegúrate de seleccionar un nombre de proyecto o una imagen que inspiren. Hazlo tangible, una referencia posible pero retadora al mismo tiempo. Y mantén la consistencia en su empleo. El impacto será mayor si la imagen está asociada con un reto, un objetivo difícil de alcanzar, pero que alguien lo ha conseguido. En cierta forma, alguien ha sido capaz de hacer lo imposible, posible.

Esta imagen-fuerza formará parte de las conversaciones diarias y reuniones, y debe ser el contenedor de los objetivos y planes para ejecutar la visión. Algunos prefieren acrónimos o palabras. No hay regla aquí. Simplemente asegura que es capaz de inspirar pensamientos y sentimientos.

Cuando era CEO del negocio en España, diseñamos un proyecto de varios años para mejorar la rentabilidad de la operación. Buscábamos inspirar a la gente sin ocultar el reto y la dificultad de realizarlo. Decidimos usar el nombre del pico más alto de las montañas americanas: Aconcagua. Es uno de los ochomiles (14 picos de más de 8.000 metros de altura) que cualquier gran alpinista sueña en conquistar. Lo elegimos porque atacar semejante objetivo requiere un montón de preparación y planificación. Necesitas especialistas en alimentación, expertos en telecomunicaciones y profesionales sanitarios. Deben entender la climatología, conocer las diferentes rutas que seguir y tener un plan B en caso de emergencia. Para tal aventura, necesitas un sólido plan financiero y un buen análisis de costes. Y, por supuesto, el equipo técnico necesario de ropa, tiendas, botas y sacos de dormir. Finalmente, la preparación física y mental del equipo es clave. Deben resistir la fatiga y estar listos para enfrentarse con diferentes niveles de oxígeno o dolor. Necesitarán también la resiliencia mental de seguir avanzando incluso cuando su cuerpo les grite: no puedo más. Requieren la mentalidad de continuar, no solo por ellos, sino también para seguir apoyando al resto del equipo.

Esas fueron las razones por las que elegimos Aconcagua —una aventura que requería una alta dosis de resiliencia y foco—. Y lo lanzamos.

Todo el mundo en el equipo empezó a referirse a Aconcagua. Pusimos pósteres con dibujos de la montaña y las diferentes funciones, y especificamos objetivos. Invitamos a un alpinista que lo había escalado a uno de nuestros eventos internos con empleados. Nunca he visto un nivel parecido de compromiso en un equipo. Aconcagua se convirtió, de hecho, en un nombre del día a día. Nos ayudó a revisar, confirmar o cancelar planes o proyectos. Nos mantuvo centrados en las mejoras de servicios al cliente y de los niveles de eficiencia. Tras dos años, realizamos la mayoría de los objetivos del plan. Fue difícil en ocasiones, a menudo sentimos que no seríamos capaces de conseguirlo. Sin embargo, aprendimos mucho. No solo de nuestro negocio o nuestros clientes, también sobre nosotros como individuos y como equipo.

En suma, un elemento adicional de gran importancia a una clara descripción de una visión puede ser una imagen potente a la que la gente pueda sentirse asociada. A veces, una visión con un conjunto de objetivos puede resultar abstracta y alejada de lo que la gente puede concebir como el mundo real. Una visión puede describir una ambición a largo plazo, y puedes necesitar alcanzar algunos pasos intermedios. Puedes enfocarte en un subconjunto de hitos bien definidos en el camino hacia la meta final. También he aprendido que cuanto más reales sean esas imágenes o proyectos, mejor. Alinea esa imagen con una lista clara de objetivos, síguelos, comparte el progreso hacia ellos, y tendrás a todo el equipo contigo.

3.4 SÉ CONSISTENTE

Una vez identificada la imagen o el nombre, y aclaradas sus metas, solo hay un término en el que fijarse: consistencia. Normalmente estos programas tienen un marco temporal de dos o tres años. Lleva tiempo interiorizar y asociar la visión con la imagen. Es por ello por lo que una vez decidido, la consistencia en la comunicación es esencial. Aburridamente consistente es, en general, la mejor estrategia cuando buscas que un mensaje permee una organización.

3.5 MOVILIZA A LOS CONSTRUCTORES DE CATEDRALES

Una visión fuerte y clara hará más fácil tomar las decisiones correctas. Te asegurará que toda la organización mantiene el foco. Evitará la pérdida de tiempo y esfuerzo en las tareas equivocadas. Teniendo una visión con una imagen poderosa, podrás conseguir la conexión intelectual y emocional de todo el mundo. Es una tarea difícil y ocasionalmente puede llegar a ser frustrante. Pero cuando una organización consigue tener a todos sus empleados completamente alineados con una visión, se transforma en invencible. El esfuerzo merece la pena.

Cuando llega el momento de describir la manera de compartir la visión y ligarla al orgullo personal, una de mis historias favoritas es la historia de la catedral. Tal vez la conozcas.

La historia cuenta cómo un hombre paseaba cerca de una obra. Al acercarse, se apercibió de que había dos individuos realizando el mismo trabajo. Cogían ladrillos de una pila, les aplicaban mortero y los colocaban unos sobre otros construyendo una pared. Al aproximarse aún más, se dio cuenta de que uno estaba haciendo un buen trabajo, muy eficiente. El otro, además, se detenía brevemente después de cada ladrillo, comprobando su firmeza antes de situar el siguiente. Intrigado, el hombre se dirigió a los albañiles. Preguntó al primero qué estaba haciendo. Con una expresión de sorpresa, le miró y le dijo señalando la pared: «Pues estoy poniendo ladrillos. ¿No lo ve?». Gracias, dijo el hombre. Avanzó y preguntó al segundo hombre. Se paró un instante y le miró. Giró la vista a la pared y miró hacia arriba más allá de los límites de lo construido y con orgullo dijo: «Estoy construyendo una catedral».

Esto es lo que toda organización necesita: constructores de catedrales. No todo el mundo puede ser el arquitecto o el diseñador, pero todo el mundo puede ser un constructor de catedral. El segundo hombre de nuestra historia era consciente del propósito de su trabajo. Pero, aún más importante, esa visión y sentido de la tarea le hacían sentirse orgulloso y responsable. Sabía que la pared iba ser parte de un importante monumento. Por ello, quería que la pared estuviera en línea con un edifico de esa relevancia. No deseaba hacer un trabajo mediocre. Claramente, alguien le había inspirado —el arquitecto o el jefe de obra se habían tomado el tiempo de explicarle el tipo de edifico que estaban construyendo, y por qué su labor era tan importante—. Pero también, al fin y al cabo, era su actitud personal lo que iba a marcar la diferencia en la catedral construida.

3.6 Cómo aplicamos la historia

Nos habíamos embarcado en una profunda transformación de nuestra división. Teníamos como objetivo consolidar nuestro liderazgo en el mercado y simultáneamente conseguir una mejora significativa de los resultados financieros. Como en cualquier gran aventura, necesitábamos la mayor cantidad posible de gente a bordo.

Compartimos el plan de transformación con los 120 directivos de nuestra división, y decidimos apoyarnos en la historia de la catedral. Buscábamos que todo el mundo se sintiera parte fundamental de la construcción de un negocio mejor.

Empezamos la reunión contando la historia y por qué era relevante para nosotros. El negocio al que aspirábamos era comparable a la catedral una vez acabada. Ya contábamos con unos sólidos cimientos: una buena base de clientes, un completo catálogo de soluciones, una buena reputación de servicio y un equipo global capacitado y dedicado. Pero todo ello era solo la base.

Tras compartir los planes de evolución sobre cada una de esas bases, queríamos obtener la vinculación emocional de cara a ejecutarlos.

Ofrecimos la oportunidad de decidir si querían formar parte en la construcción de la catedral saliendo al escenario, cogiendo un ladrillo de verdad y situándolo en una especie de pared que fuimos construyendo. Entonces, alguien sugirió que la mejor manera de mostrar ese compromiso personal era firmar los ladrillos. Y así ocurrió. Ese equipo de directivos firmó aquellos ladrillos y estos permanecieron en mi oficina hasta que dejé mi puesto.

La historia se extendió de forma viral, y empecé a recibir ladrillos firmados desde remotos rincones del mundo —incluyendo Brasil, Argentina o Singapur— en mi oficina. En Alemania, diseñaron una página web donde podías imprimir tu propio ladrillo de papel y doblarlo. Nuestro equipo del sector financiero buscó combinar el tema de la catedral con las tradicionales campanas de las bolsas de valores y trajeron una preciosa campana de bronce. En Estados Unidos, cuando fui a Dallas, el equipo había empezado a construir una pared en la que cada ladrillo era un proyecto que habían ganado. Podían ver con orgullo a la entrada de sus oficinas el progreso que iban haciendo y la contribución de cada uno. Aún más importante, el tema de la catedral representó una forma de unificar el mensaje generado por la ambición común de construir algo memorable juntos.

3.7 CONECTANDO CON EQUIPO REMOTOS

Como CEO, tu objetivo debe ser que tus mensajes alcancen a todas las personas de la compañía. Organizaciones globales y de gran tamaño se enfrentan a un verdadero reto cuando intentan conectar con equipos que están dispersos geográficamente. Tuve la oportunidad de liderar un equipo de más de 20.000 profesionales en 62 países. Aterrizar el mensaje sobre la visión, incluso con el uso de poderosas imágenes, era un reto. La tecnología nos proporciona nuevos medios para reducir la distancia física, pero nunca hay una conexión tan sólida como la de verse cara a cara. Tu responsabilidad es asegurar que la presencia del líder se siente también en esos lugares remotos. Cuando planifiques visitas o reuniones, asociar el mensaje a la realidad local es básico para producir el impacto deseado. Para equipos distribuidos, es fácil resultar aislados, y la impresión que tienen de su empresa puede ser muy distinta de cómo lo perciben los equipos cercanos al cuartel general de la compañía. Sin embargo, tus clientes se reúnen con tus equipos en diferentes ubicaciones y esperan tener la misma experiencia de soluciones, servicios y valores allá donde estén. Por ello, es esencial que la visión y sus objetivos asociados lleguen a todo el mundo por igual.

Cuando estaba en banca, tuve la oportunidad de pasar tiempo con el CEO de un gran banco español. Debatíamos sobre cómo la tecnología impactaba la forma de relacionarse con clientes y cómo optimizaba las operaciones. Hablamos de la importancia de la consistencia, y le pregunté cuál era su principal reto como CEO. Me dijo: «Lo más difícil es que cada nueva política o producto llegue a todas las sucursales del banco simultáneamente. Es un reto reducir el tiempo desde que se emite una instrucción centralmente hasta que se ejecuta localmente. A veces lleva meses hasta que un nuevo proceso es utilizado en una pequeña oficina remota. La tecnología ayuda, pero el comportamiento es la clave». Entonces me explicó cómo había estado extrayendo informes directamente de las aplicaciones centrales al visitar una oficina. Su costumbre corrió como la pólvora. Pronto, todo el mundo empezó a prestar atención a las últimas instrucciones y procesos, y, como resultado, redujo el tiempo de implementación.

He recordado esta historia durante años. Yo sufrí un reto similar como CEO. Es difícil que un grupo de técnicos trabajando en un centro de proceso de datos ubicado en Buenos Aires sienta y capte el mismo espíritu de un mensaje que los profesionales de un centro de llamadas en Durban en Sudáfrica. Esa consistencia y disciplina marcan la diferencia. El mensaje comienza desde las capas más altas de la organización y debe combinarse con un riguroso proceso de comunicación en cascada hacia abajo. Si quieres que todo el mundo esté alineado tras la visión, debes acordarte de los equipos que se encuentran lejos.

3.8 El teletrabajo como nuevo reto al liderazgo

La gestión de personas que trabajan de forma remota se ha convertido en un elemento clave en el liderazgo tras el impacto de la pandemia y su repercusión en la aparición de nuevos modelos de trabajo. Ya sea de forma remota o con un modelo híbrido, el hecho es que ya no interactuamos de la misma manera, y para los gestores de equipos supone un nuevo reto al que enfrentarse.

En enero de 2020, me incorporé como CEO de una compañía de ciberseguridad de un gran grupo tecnológico. Uno de nuestros objetivos era combinar los equipos de una empresa recién adquirida de unos 600 profesionales con los cerca de 300 que ya estaban en la matriz. El equipo iba a diario a la oficina y uno de sus fundamentos era la relación personal fruto de esa iteración cotidiana y la cercanía a los jefes de equipo y líderes del negocio. De pronto, en marzo del mismo año, el confinamiento cambió radicalmente el escenario: toda la organización debía operar de forma remota. El primer reto, con el tiempo el más sencillo, fue dotar de equipamiento a los profesionales de la compañía. Adoptamos tres criterios para cada decisión: preservar la salud de cada empleado, apoyarlos en su entorno familiar facilitando la conciliación y proporcionar a nuestros clientes las máximas garantías posibles de continuidad de negocio. Como hemos comentado al hablar de la resiliencia, al principio, instauramos videollamadas diarias con los 100 gestores de la compañía para chequear los posibles contagios, retos al servicio y estado de ánimo de cada profesional así, como el impacto en clientes. Las llamadas evolucionaron, conforme la situación estaba más controlada, a ser semanales y posteriormente quincenales. Se convirtieron en la herramienta más potente de transformación cultural y cohesión del equipo a pesar de ser de forma remota. Entre otros, pudimos compartir preocupaciones, estrategias de comunicación con nuestros equipos, retos y soluciones a la hora de mantener la conexión y el servicio a clientes. Una situación de emergencia, inesperada y a la que nos enfrentamos sin experiencia previa, nos hizo un equipo más fuerte gracias a crear un entorno que nos permitió estar juntos virtualmente.

3.9 HAZ REALIDAD LA VISIÓN

Una vez que la visión existe y que la conexión emocional ha tenido lugar, es imprescindible apoyar la visión con datos y hechos. Hay tres elementos que considerar: definir resultados tangibles, proporcionar herramientas para distribuir el mensaje y conectar la visión con el día a día de cada empleado.

Recuerda la importancia de definir objetivos claros para toda la organización. Con ello se mantiene el foco y el alineamiento con la visión. Si la visión es nítida y las imágenes asociadas inspiran, los objetivos serán el complemento necesario para sentar las bases de la creación de valor que aspiras a conseguir.

3.10 El apoyo a los gestores de equipo

Proporcionar herramientas a los líderes de equipo es otro componente clave. El papel del jefe inmediato es crítico cuando tratas con grupos que están en ubicaciones diversas, realizando su trabajo de forma remota o con unidades que desempeñan funciones muy distintas. Esos líderes son responsables de aterrizar la visión y hacerla relevante en cada equipo, para cada individuo. Como ya he mencionado, la consistencia es esencial, y a menudo necesitas herramientas para reforzarla. He aprendido que debes acompañar el mensaje de la visión con guías de usuario que proporcionen el detalle que acompaña a esa visión. Ello va a facilitar extender la visión de manera efectiva. Cuando tienes 3.000 líderes de equipo en 60 países, estarías loco si crees que un mensaje centralizado enviado por el CEO va a aterrizar perfectamente en cada rincón de la organización. A veces, quienes lideran estos equipos pueden no tener el conocimiento o la experiencia para compartir el mensaje que quieres que reciba cada persona. Es tan importante como dejar claro cómo encaja cada profesional en la estrategia global. El trabajo individual, lo que hacen cada día y cómo forman parte de la escena global que quieres construir. Es aquí donde es clave la conexión entre las dimensiones como *evangelist* y generador de *engagement* del líder.

En nuestro caso decidimos crear lo que llamamos un *playbook* (el equivalente al manual de jugadas de un equipo deportivo). Inicialmente fue un texto en formato presentación que incluía algunas preguntas para hacer más fácil al responsable seguir el hilo con su equipo, ayudando a comprender mejor las implicaciones de cada contenido. Pensamos cuidadosamente cómo asegurar que las diferentes funciones entendieran el impacto que producían en el plan de la compañía. El papel del líder de equipo era hacerlo relevante para su grupo utilizando historias cercanas que les permitieran conectar con su día a día, de forma que fuera sencillo identificar su contribución. De esas sesiones recogimos ideas y sugerencias que nos ayudaron a refinar lo que buscábamos, y cómo lo íbamos a llevar a la práctica. Terminamos con una versión completamente interactiva, con contenidos en vídeo y opciones de chat en línea. El producto final impulsó la colaboración y potenció el alcance del mensaje. En total, nuestro lideres mantuvieron más de 2.400 sesiones, conectando con todos nuestros empleados a lo largo del globo. Fueron capturando opiniones sobre cómo clarificar ciertas áreas, hacerlas más relevantes o fáciles de explicar, o ajustando los contenidos a mercados específicos. Como resultado observamos una mejora de 18 puntos en el conocimiento de la estrategia de la empresa en la encuesta de empleados. Fue un esfuerzo concertado de todos los líderes de la organización que consiguió un alto impacto.

3.11 COCREAR LA VISIÓN CON EL MERCADO

El aspecto final que considerar en el proceso de creación de la visión es la necesidad de contrastarla regularmente con el mercado. La habrás construido a partir de tu capacidad de pensamiento estratégico trabajando con tu equipo. Ahora debes chequear la validez de esa visión con terceros. Ya lo has hecho internamente; es necesario complementarlo con agentes externos que serán críticos durante la fase de implementación. La visión requiere un apoyo consistente desde las diferentes comunidades que trabajan con tu organización. Clientes, analistas y proveedores deben entender la visión, y, en cierta forma, hacerla suya para maximizar su éxito. Una visión que no sea reconocida por el mercado tiene una oportunidad mucho menor de triunfar. Para conseguirlo, debes adoptar una estrategia diferencial, generar un cierto grado de cocreación con tus clientes y estar abierto a ser cuestionado.

La mejor pregunta que puedes hacer para validar la visión es por qué van a seleccionar mis clientes, mis empleados o inversores nuestra compañía. Independientemente del sector o tipo de negocio en el que operes, es esencial preguntarte por qué los clientes deciden comprar tus productos o servicios. La competencia va aumentando en todos los sectores, y con la extensión de la digitalización la disrupción se acelera. Por tanto, la velocidad a la que debes validar y entender tu propuesta de valor al mercado es crítica. Conocer tus elementos diferenciales ayuda igualmente a mantener el foco en los esfuerzos, así como en las inversiones que realizar. Se convierte en la piedra angular para materializar la visión. El mejor camino para descubrir esa propuesta son las conversaciones con clientes. En un entorno B2B (*business to business*), no hay nada mejor que una discusión cara a cara. En un negocio minorista existen otros métodos como el uso de *focus groups*. En cualquier caso, incorporando la voz del cliente a la visión la harás más atractiva y aumentarán sus posibilidades de éxito.

Cuando se trata de incluir la perspectiva del cliente, hay algunas cuestiones que debes responder: cómo se asocia la visión al catálogo de productos o servicios haciéndolo relevante para tus clientes.

Al mismo tiempo, me planteé cuál debía ser mi papel en este proceso y si un CEO puede liderar la creación de la visión del porfolio.

Encuentro revelador analizar los diferentes perfiles y capacidades del CEO, y cómo influyen en su entorno. Debes ser capaz de complementarlas con las del resto del equipo. Basado en su experiencia, el CEO puede ser el primer vendedor, el principal diseñador de producto, el superdirector financiero o el líder operativo. Al mismo tiempo, he comprobado cómo un líder debe ser capaz de ir alternando comportamientos asociados a cada una de las tres dimensiones. Incluso si su principal fortaleza es su experiencia financiera, frente a los clientes debe mostrar sus mejores dotes comerciales. Yo soy ingeniero y, personalmente, me encanta involucrarme en la creación de nuevas soluciones de productos y servicios.

Como parte de ese proceso, debates con tu equipo, con clientes y proveedores las tendencias de mercado, y cómo incorporarlas o hacerles frente. Esta fue la base de una de las más potentes visiones de porfolio que creamos. Así nació *cloud of clouds* (la nube de nubes).

Me reuní con el CIO de una gran compañía de fabricación de componentes electrónicos en mi oficina. Hablamos sobre su negocio, una empresa de tecnología que colabora con los principales jugadores, diseñando y fabricando equipamiento de alta tecnología. Ellos contaban con fábricas alrededor del mundo y tenían la necesidad de mantener conectados a sus equipos colaborando virtualmente.

Me preguntó acerca de nuestra visión, interesado en que compartiéramos dónde estábamos invirtiendo y las tendencias que observábamos en el mercado. Una conversación con un cliente es siempre una oportunidad para un CEO. Decidí empezar a dibujar.

En el centro de lo que hacíamos para nuestros clientes estaba la red de comunicaciones. Dibujé cinco cuadrados representando su equipamiento, y los uní con líneas para mostrar los enlaces. Esto constituía la base de esa red (si has visto el primer esquema de Arpanet, el origen de Internet, lo imaginarás fácilmente). Conectados a esta red estarían las oficinas, las fábricas, los centros de datos y otras ubicaciones de nuestros clientes. En cada uno de ellos, sus empleados, y cada vez más sus dispositivos, se comunican utilizando esa infraestructura, enviando información digitalizada. Sin embargo, las nuevas soluciones se suministran mediante lo que hemos llamado «la nube». Ello significa que existen servicios y aplicaciones disponibles sobre diferentes infraestructuras compartidas que pertenecen a distintos proveedores (como ex-CIO, recuerdo la presión para mantener la agilidad y flexibilidad de la organización, mientras se preservan la seguridad, la eficiencia en los costes y el rendimiento al máximo nivel posible).

El cliente me confirmó la necesidad de disponer de un entorno multiproveedor complementando sus propias plataformas: una nube híbrida. Necesitaban una *cloud of clouds*.

Seguí dibujando hasta que tuvimos frente a nosotros la imagen completa de cómo respondíamos a sus retos con nuestras soluciones. Según avanzábamos en la conversación fuimos refinando la visión de *cloud of clouds*.

En los días siguientes, decidimos testar este borrador de visión con más clientes y miembros de nuestro ecosistema de relaciones. Se lo presenté al CIO de una empresa minera, pidiéndole que lo cuestionara y propusiera mejoras. Lo compartimos también con los equipos de marketing y porfolio. Gracias a sólidas discusiones y sucesivas contribuciones de todos, continuamos mejorando la visión.

Me sorprendió la velocidad de las respuestas de colegas y clientes, encantados por la idea de la cocreación. Me demostró el verdadero poder de una organización cuando se moviliza en torno a una idea, y cómo la combinación de las perspectivas internas con las necesidades de los clientes puede generar soluciones únicas. Cuanto más discutíamos sobre *cloud of clouds*, más creíamos en ello.

Sin embargo, en cualquier negocio siempre existe el riesgo de obtener demasiado apoyo y no suficiente cuestionamiento. Así que decidimos que antes de invertir más recursos de alto valor y tiempo debíamos contrastar la visión aún más.

Este es el momento en el que debes estar abierto a ser cuestionado sobre lo que piensas o cómo lo estas ejecutando.

CONTRASTA LA VISIÓN EXTERNAMENTE

En las oficinas centrales de Gartner en Estados Unidos, se descubre un pacifico entorno en mitad de un bosque que invita a pensar, reflexionar y realizar una buena labor de investigación. Resultó inspirador encontrarnos con su CEO y un grupo de sus analistas. Les expliqué que el objetivo de la sesión era escuchar sus perspectivas, entender qué nos faltaba o en qué pensaban que nos estábamos equivocando. Navegamos a través de *cloud of clouds* en las siguientes dos horas respondiendo a sus preguntas. Nos dieron una amplia perspectiva del mercado y de las expectativas de clientes. Cuestionaron en qué íbamos a ser diferentes, y sugirieron que, para mantener la consistencia en todo el portfolio, deberíamos incorporar una sólida capa de seguridad.

En los meses venideros, presentamos nuestra idea a las principales empresas tecnológicas del mercado, como Equinix, Huawei o Cisco. Debatimos el modelo con Google, Amazon e IBM. Trabajamos con Salesforce y algunas *fintech*. En cada conversación aprendimos cuál podía ser nuestro valor añadido, qué deberíamos mejorar o incorporar para que esos líderes globales estuvieran dispuestos a colaborar con nosotros.

A medida que la visión tomaba forma, revisamos nuestras inversiones en porfolio e infraestructura para asegurar que cada cosa que hacíamos se orientaba a afianzar *cloud of clouds*. Las inversiones en la red, los desarrollos de plataformas, mejoras de sistemas, herramientas de monitorización y orquestación –todo tenía que servir a la estrategia y solo al núcleo de la estrategia–. Desarrollamos la plataforma de seguridad y la ajustamos para apoyar este entorno abierto y flexible. Aseguramos que nuestros servicios profesionales ayudaran a nuestros clientes a navegar en su ruta hacia los servicios en la nube. Fue fascinante ver cómo una visión compartida sobre el porfolio provocó el alineamiento de una organización tan grande. Afectó a todos los equipos: los comerciales sobre cómo explicárselo a clientes, los diseñadores técnicos sobre cómo integrar servicios alrededor de plataformas en la nube y los jefes de producto sobre cómo integrar líneas completas del porfolio.

Pero también tratamos de evitar el riesgo de caer en la complacencia. Continuamos realizando las mismas preguntas: qué podemos hacer mejor, qué nos estamos perdiendo. Fue un cambio dramático sobre cómo los productos y servicios de una operadora de telecomunicaciones se presentaban al mercado. Muy pocas compañías pueden presentar su porfolio entero en un solo diagrama, una forma sencilla de entenderlo dibujado en una hoja de papel.

El equipo se sintió entusiasmado cuando los analistas de la industria empezaron a mencionarlo y reconocerlo. Empezó a formar parte de las presentaciones de la empresa, e incluso competidores lo incluían como una de las tendencias estratégicas del mercado.

Esta es probablemente una de las mejores experiencias y logros de mi carrera: la cocreación de una visión del porfolio que perduraría. Fue capaz de alinear a toda la organización, haciéndoles sentir orgullosos. Encajaba en la estrategia de nuestros clientes, y el mercado lo reconoció con un diferenciador.

3.12 REFLEXIÓN

En este capítulo hemos debatido sobre la importancia de desarrollar una visión y cómo las diferentes capacidades pueden emplearse para hacerlo. Para reflexionar en ello, considera las siguientes cuestiones:

o ¿Cuál es mi visión para el negocio que dirijo, o del que soy parte, en tres o cinco años?

o ¿Qué haría de forma diferente?

o ¿Puedo explicar la visión de mi organización de forma que me entusiasme?

o ¿Sería capaz de compartirlo con mis clientes, mi equipo y el mercado?

o ¿Han estado involucrados en su cocreación?

o ¿Puedo explicar la visión a mis hijos o a mi familia y hacerles sentir orgullosos de lo que hago?

Si estás satisfecho con las respuestas que tienes, bien hecho. Asegúrate de que tu dimensión como *evangelist* transforma a todo el mundo en un constructor de catedral.

4

ENGAGEMENT

4 ENGAGEMENT

Engagement es el arte de conseguir que todo el mundo colabore tanto desde el punto intelectual como del emocional para alcanzar los objetivos comunes que sustentan la visión. Requiere fe, orgullo y confianza para que ocurra. Exige comunicar sin descanso, escuchar tanto como hablar, conectar personalmente con todos y generar energía positiva a lo largo de toda la organización.

4.1 COMUNICAR SIN DESCANSO

Comunica, comunica, comunica. Esta es la tarea fundamental del *Chief Engagement Officer*. Cuanto más grande sea el equipo que líderes, más importante es el aspecto de comunicación para alcanzar los niveles adecuados de *engagement*. Necesitarás inspirar, construir empatía y mantener un escucha activa. Es clave asegurar que, para marcar la diferencia, todo el equipo aspire a contribuir desde su función en la organización, ejecutar sus tareas con el máximo nivel de calidad y actuar más allá de la descripción de su puesto de trabajo.

4.2 DEFINE EL MENSAJE

Cuando comunicas debes tener claro los mensajes clave que quieres transmitir, qué canales de comunicación funcionan mejor para tu audiencia y, finalmente, cómo explotar cada uno de la mejor forma posible.

Definir el mensaje es la base para una adecuada comunicación. Aunque puede parecer obvio, he encontrado gente que no podía contestar a la simple pregunta de qué estas intentando conseguir con lo que comunicas. Qué esperas que haga tu audiencia como resultado de esto. Compartir un mensaje para informar, publicar noticias o tener a la gente al tanto de lo que pasa está bien. Pero eso no va a mejorar su *engagement*. Tu audiencia puede leer las noticias y entenderlas, pero si no está claro cómo esas noticias afectan a cada individuo, el impacto desaparecerá en pocos minutos. Asegúrate de que cuando comuniques entiendas por qué lo estas haciendo, cuál es el mensaje clave y por qué ese mensaje es relevante para quienes te escuchan.

El contenido de tus mensajes puede incluir también algunos principios básicos o ideas que quieres emplear de forma consistente. Yo decidí emplear tres palabras al estructurar mis mensajes: agradecimiento, orgullo y confianza. Gratitud como forma de reconocer el esfuerzo realizado por cada uno en su trabajo. Orgullo por lo conseguido, incluso incorporando aquello de lo que estábamos menos orgullosos. Y confianza en el futuro, aprovechando lo aprendido para seguir mejorando y conseguir que nuestros planes se realizaran.

Al hablar de comunicación, ten en cuenta el recurso más escaso que tenemos: el tiempo. Si la gente siente que está perdiendo el tiempo cuando lee o ve tus comunicaciones, sea cual sea el canal, la perderás. Así que asegúrate de que piensas cuidadosamente lo que quieres decir y por qué. Te ahorrará tiempo y aumentará el impacto que produzcas. Por tanto, ya sea que hables de proyectos ganados en clientes, ejemplos de servicios brillantemente implementados o resultados financieros, hazlo de forma que sea algo fácil de digerir, recordar y de invitar a emprender acciones continuación.

Es imprescindible colaborar con tu equipo para detectar los temas que más interesan a la gente. Pero asegúrate de no comunicar solo acerca de lo que la gente desea escuchar. Eres el dueño del mensaje y debes estar seguro de que su contenido responde a tus objetivos, está claro, es repetido incansablemente y se comprende en todas partes.

4.3 Cuenta historias

Contar una historia ayuda a ilustrar lo que quieres transmitir. Yo escribía un blog internamente y, por ejemplo, comparé nuestro negocio —y la importancia de cada función— con otro con el que todos estamos familiarizados: un restaurante.

MI RESTAURANTE

Tengo un gran restaurante. Tenemos una excelente reputación entre los expertos y *gourmets*. Incluso en la guía Michelin, aparecemos en la lista de los mejores del mundo. Nuestros clientes disfrutan de nuestra comida y nuestras especialidades, y lo demuestran volviendo a visitarnos. Algunos vienen a comer con nosotros desde hace años, han compartido nuestra evolución, nos hemos convertido en parte de sus vidas. Han celebrado aniversarios, cumpleaños y hasta cerrado acuerdos comerciales en nuestras mesas. Otros nos han conocido a través de Internet y acuden con la expectativa de una experiencia memorable.

Parte de nuestro éxito está en cómo tratamos a nuestros clientes. Saber que Don Ramón es vegetariano o que la Señora Izaguirre tiene diabetes marca la diferencia para ellos. La experiencia de nuestros clientes empieza cuando nos buscan en Internet o cuando nos llaman o contactan para reservar una mesa, y continúa según cruzan la puerta, los reconocemos y nos dirigimos a ellos por su nombre. Y finalmente cuando nos cercioramos de que la factura es correcta, y que pueden pagar en dinero o con tarjeta, es también importante.

A menudo tenemos un interesante debate sobre el menú. ¿Ofrecemos a los clientes cualquier cosa que nos soliciten? Ello haría nuestro negocio insostenible. Pero tener una selección demasiado limitada nos haría menos atractivos. Así que debe ser un 70/20/10. Un conjunto estándar de platos (70 %), con cierta flexibilidad (20 % como cuánto de hecha está la carne o platos sin sal o sin gluten), y, finalmente, tener la capacidad de hacer algunas comidas a medida (10 %) como una simple tortilla francesa para niños.

Es esencial también que nuestros encargados conozcan el menú extremadamente bien. Cada mañana realizamos la formación necesaria para asegurar que puedan asesorar a los clientes en tomar la mejor decisión.

Tenemos que seguir innovando, cambiando y adaptando el menú, dependiendo, por ejemplo, de la estación del año. Nuestros clientes aprecian nuestras capacidades de innovación, que proceden de un profundo conocimiento de sus gustos y de los alimentos disponibles en el mercado, así como las tecnologías aplicables en la cocina.

Pero, a veces, cometemos errores, sea porque aceptamos un pedido con demasiadas modificaciones, o porque hemos interpretado incorrectamente el pedido de un cliente. La interfaz entre quienes están frente a nuestros clientes y nuestro equipo de cocina es clave para generar la mejor experiencia. Cometer un error supone un alto coste: exige cocinar otra comida completa para el cliente y su satisfacción decae rápidamente.

> También tenemos retos importantes en la cocina. En ciertos momentos, tenemos demasiada gente en ella, haciendo que sea difícil preparar la comida adecuadamente. Demasiados chefs duplican las tareas, cada uno queriendo presentar los platos en una forma diferente, o incluso variando los sabores. Y tener demasiados chefs también puede costar más de lo que uno puede pagar. Una cocina de éxito tiene el número adecuado de personas, instrucciones claras del chef, responsabilidades bien definidas y una ejecución impecable.
>
> Finalmente, es imposible tener un gran restaurante sin los condimentos adecuados. Gestionar a los proveedores es un arte, recibir viandas de alta calidad con el precio justo y entender quiénes son los mejores productores del mercado es clave.
>
> Esto es por lo que estoy tan orgulloso de nuestro restaurante. Sabemos que ser los mejores requiere trabajo duro, y cada día es como empezar de nuevo, desde cero. Porque no podemos fallar a nuestros clientes. Y solo es posible hacerlo si tenemos a los mejores. Nuestros encargados, enólogos, camareros, chefs, equipo de limpieza y cocineros deben entender que la experiencia de nuestros clientes es crítica.

Nuestro equipo, que trabajaba en servicios de telecomunicaciones, podía ver a través de esta comparación la importancia de apoyarnos unos a otros, y la relevancia de cada función en crear una experiencia única para nuestros clientes.

4.4 Selecciona los canales de comunicación

Contar historias es una técnica muy potente que funciona muy bien. Debe alcanzar no solo el lado intelectual, sino incluso más importante, el emocional de tu audiencia. Pueden ser utilizadas en cualquier canal de comunicación: en presentaciones cara a cara, grabaciones de audio o vídeo, incluso en comunicación escrita.

Cuando comencé en mi primer puesto internacional con responsabilidad global, empecé a escribir un blog interno. Mis responsabilidades cubrían Europa, Oriente Medio, África y Latinoamérica con un equipo directo de más de 8.000 personas y muchos más apoyando a nuestros clientes desde otras unidades. Pensé en cómo puedo compartir lo que hago y cuáles son nuestros principios. Cómo podemos conectar con nuestro equipo de forma interesante y que sea fácil de digerir.

Escribir blogs ofrece esa oportunidad. No es imprescindible que se publiquen regularmente. Deben conectarse con experiencias reales, puedes incorporar fotografías (me convertí en un experto en *selfies*). Te permite compartir pensamientos, ideas y hasta sentimientos. Deben escribirse de forma sencilla. También permiten alcanzar a todo el mundo. Para quienes no tenían el inglés como lengua materna el lenguaje informal era también más accesible. Finalmente, un blog debe ser personal. Nadie puede o debe escribirlo para ti. Yo escribí el blog durante 10 años, hasta el día que dejé la compañía. Es cierto que no eran tan perfectos como los mensajes formales que editaba mi equipo de comunicación. Pero eran frescos, era yo, y mi audiencia apreciaba el hecho de que era genuino. Al mismo tiempo era exigente. Si decides iniciar un blog, debes estar listo para seguir con él. Siempre hay algo sobre lo que escribir, algo sobre lo que tener una opinión o una reflexión que compartir.

La reacción al blog me sorprendió. Conseguí un buen número de seguidores. La gente me paraba en un pasillo para comentar sobre el último publicado, o simplemente expresar lo interesante de tener una especie de pequeña ventana visualizando lo que hacía el CEO. Era una herramienta muy complementaria que puede ayudar a distribuir mensajes y avances importantes de manera más informal.

El blog es solo un canal. El *Chief Engagement Officer* debe ser un maestro en todos los canales de comunicación. De hecho, el mundo digital en el que vivimos ha abierto nuevos canales que explotar. Esto es fantástico, sin embargo, requiere un esfuerzo adicional para coordinar y sacar el máximo partido de cada uno. Como en cualquier proceso de comunicación, hay que pensar en la audiencia, y el canal que os conecta.

Distintos canales se utilizan para diferentes propósitos. Además de las interacciones personales y el blog, tienes a tu disposición unos cuantos más.

El correo electrónico es más útil para la comunicación individual o para grupos pequeños. Puedes personalizarlos, pero también requiere una comunicación corta, precisa y enfocada a un mensaje específico. Idealmente, debe ir orientado a la acción, ya que la audiencia se conectará más si están directamente involucrados. ¿Qué *emails* vas a tratar directamente tú y cuáles tu asistente si lo tienes?, ¿cómo usar la función de «copia a» o incluso la de «copia oculta»? ¿Generan tus contestaciones una cadena de respuestas innecesarias? No entraré en más detalle sobre utilizar el *email* de forma eficaz, pero es necesario recordar que un uso inadecuado puede afectar significativamente a tu productividad y la de tu equipo.

Lanzamos también un boletín de noticias centrado en nuestro negocio. Es la forma ideal para contenido informativo o novedades. En nuestro caso, lo enviábamos electrónicamente a todo el mundo, pero cada uno podía filtrar qué noticias quería recibir, que fueran relevantes para ellos.

Me gusta utilizar las redes sociales, ya fuera la interna, corporativa para empleados o herramientas externas como X (antes Twitter), Instagram o Linkedin. Las redes sociales te proporcionan la oportunidad de crear y desarrollar una marca personal. Pero hacerlo debe ser una decisión consciente y bien ponderada. Construir una marca diferencial requiere determinación, constancia y dedicación. El contenido que generes puede estar balanceado entre tu conocimiento de la industria en que operas y reflexiones más personales. Si lo haces bien, puedes llegar a ser una referencia en tu industria o como en algunas redes se denomina un *influencer* o creador de tendencias. Lo más importante es entender que lo que publiques interna o externamente será como hacerlo público para todo el mercado. Y, en muchas ocasiones, menos es más. Reenviar contenido solo por el hecho de hacerlo diluirá tu impacto. Yo solo publico cuando creo que puedo añadir valor.

Chatear es el canal más informal que utilizo, ya sea una aplicación de chat o mensajería para consumidores, o una herramienta de chat embebida en una plataforma corporativa como la de Salesforce.com. Chatear ofrece una manera ágil de debatir un asunto, compartir información, realizar preguntas o celebrar haber ganado un nuevo proyecto. Permite conectarse con una persona o con un grupo de gente. Lo he encontrado útil como una herramienta fácil de usar, rápida y de aplicación instantánea. Reaccionar a un problema de un cliente o recibir una alerta sobre hechos relevantes facilita tu eficiencia personal. Me encantaba, por ejemplo, cuando un comercial la usaba para compartir su orgullo por haber firmado un importante contrato.

El uso del vídeo gana adeptos y tracción como canal de comunicación, y puede adoptar diferentes formas. Desde un corto vídeo con un mensaje específico a un vídeo más extenso para explicar un tema en detalle. Dependiendo del contenido, los vídeos pueden ser consumidos de mejor forma que el texto escrito, y pueden ser más personales también, llegando a ser virales si el contenido es de buena calidad. Pero requiere más preparación que cualquier otro medio o canal.

Decidimos grabar un video en el que yo explicaba la visión de *cloud of clouds* de la misma forma que lo compartiría con clientes. Lo publicamos en nuestro canal en YouTube y pronto se convirtió en uno de los vídeos más vistos en la historia de la compañía. ¿Por qué?, pues porque no es tan común que el CEO de la empresa explique y dibuje la visión de la compañía. Resultó una sorpresa, y las sorpresas pueden funcionar bien en comunicación. Funcionó particularmente bien con clientes y *partners*.

Los eventos son momentos únicos que sustraen una cantidad significativa de tiempo de los empleados, son, por tanto, tu mayor inversión en comunicación. Significa que debes plantearte cómo conseguir el máximo retorno de ellos. Pueden ser en persona o utilizando canales basados en tecnología como audio o videoconferencias.

Los eventos *online* aplicando tecnología, como *webcast* por vídeo de una hora discutiendo los resultados del último trimestre y las prioridades del siguiente, requieren buena preparación y foco para capturar y retener la atención de la audiencia durante todo el evento. Conectarás mejor con la audiencia mediante toques personales y contenido de alta calidad. Mantén siempre un espacio para preguntas que asegure que es una comunicación de doble sentido. Incluso teniendo algunas cuestiones preparadas que estén alineadas a las verdaderas preocupaciones del equipo.

Los eventos en persona son la mejor oportunidad para una interacción de más calidad. Suponen la mayor inversión de tiempo y dinero porque normalmente, además del tiempo del evento, se generan costes adicionales como viajes, comidas y la propia producción del evento.

4.5 Haz que los eventos sean memorables

Dado que estos eventos representan la mayor inversión y la mejor oportunidad, fijémonos algo más en ellos. Los eventos internos son una vía crítica en las acciones de comunicación y *engagement* dentro de la organización. Al margen del tamaño, presencia geográfica o tipo de negocio, un evento bien preparado marcará la diferencia. Un evento no es solo una reunión de mayor tamaño; puede tomar la forma de una conferencia con sesiones separadas o disponer de una única presentación más larga. El evento puede ser para un equipo clave o cubrir una población más amplia, y alcanzar incluso a toda la compañía.

Solo debes organizar un evento así si sabes la razón por la que lo estás haciendo. Definir el objetivo es esencial. He asistido a eventos en los que me preguntaba qué hacía yo allí. Una respuesta como que es el evento anual de lanzamiento de la empresa que tenemos todos los años no es suficiente. Debes ser capaz de responder cómo quieres que piense y sienta la gente cuando se marchen del evento, qué acciones o actitudes esperas en los días siguientes.

Los eventos merecen la adecuada atención, planificación y ejecución. Una agenda bien diseñada puede marcar la diferencia en el rendimiento de la compañía. Cuántas veces se escucha: las sesiones de la mañana fueron buenas, pero la tarde resultó aburrida y no tengo ni idea de qué se quería de nosotros. Contar con un sólido y comprometido equipo a tu alrededor es la mejor forma de establecer una agenda de calidad. Esta es una constante para ser un buen líder. Rodéate de personas que te digan la verdad, no lo que quieres oír. Eso, combinado con tu compromiso personal, hará del evento algo que la gente recordará. Esos son momentos de la verdad para ti.

Un año, estábamos lanzado el plan para el nuevo ejercicio fiscal, y queríamos tener un evento global. Era nuestro evento anual, una rara oportunidad que exigía una planificación excelente. Estructuramos el evento a lo largo de dos días. Elegir el lugar adecuado era esencial. En el sitio correcto es más fácil crear un cálido ambiente de colaboración. Estar juntos en el entorno adecuado, trabajando en equipo puede marcar la diferencia.

Incluimos unas cuantas presentaciones de analistas y clientes para asegurar que manteníamos la referencia externa.

Pero primero empecé el evento con una introducción. Invité a miembros de la audiencia a compartir cómo se sentían, expresar qué cruzaba por sus mentes en ese momento y qué esperaban del evento. Fue una forma ideal de chequear la motivación de la audiencia: excitados, interesados, cansados o incluso escépticos.

Durante uno de los intermedios, preguntamos a los más activos y directos qué pensaban del evento hasta ese momento. Afirmaron que era bueno cómo habíamos establecido el contexto y explicado los retos a los que nos enfrentábamos, pero no estábamos abordando los verdaderos problemas.

Por ello, antes de proseguir con la agenda planificada, preguntamos a la audiencia sobre los obstáculos que estaban impidiendo avanzar en nuestros planes. Cuáles eran los tabús que no estábamos debatiendo. Dividimos el equipo en grupos y les pedimos identificar y escribir esos grandes problemas. Tras 45 minutos de trabajo en grupo volvimos a la sesión principal. Esos pequeños equipos compartieron sus preocupaciones, y allí en la misma sesión, o bien proporcionamos una respuesta por el responsable del tema correspondiente, o un compromiso de abordarlo en un plazo determinado.

Si no hubiéramos debatido esos problemas subyacentes, todo el evento hubiera sido una pérdida de tiempo. La gente hubiera estado pensando en silencio sobre las barreras, y nosotros intentando que el mensaje alcanzase a una audiencia distraída.

En resumen, aprendí que estos eventos ofrecen tres oportunidades:

- Primero, compartir el mismo mensaje con todo el equipo de forma simultánea. Esto tiene un valor intrínseco porque asegura que la comunicación fluye como tú quieres. También permite responder cuestiones que aclaren los contenidos. Y facilita que los participantes se sientan parte de la solución al involucrarlos en la conversación.
- Segundo, animan a la colaboración y la interacción con el equipo. La gente puede influenciar la velocidad del proceso. Pueden apoyar a sus colegas. Se pueden conseguir cosas más rápido animando a la gente a coger el teléfono y llamar a un colega, en vez de simplemente enviar un *email*. Será mucho más fácil si se han conocido en el evento.
- Tercero, proporcionar una referencia externa para hacer el evento más relevante. Puede ser un experto del sector, que es quien está identificando las disrupciones a tu negocio, un duro analista financiero o clientes explicando por qué compran tus servicios y esbozando lo que esperan que hagas mejor.

El reto es cómo continuar avanzando como equipo después de estos eventos; cómo sostener el momento generado en un par de días. Es necesario seguir las acciones definidas. No solo reafirmará el valor del evento, sino que sentará las bases de futuros encuentros.

4.6 IDENTIFICA Y ELIMINA LOS POSIBLES BLOQUEOS A LA COMUNICACIÓN

Mensajes bien definidos y canales bien gestionados hacen más efectiva tu comunicación, aunque siempre existe el riesgo de que haya ruido o aparezcan barreras que afecten a tu mensaje. Hay que estar alerta sobre cuáles pueden ser. El principal obstáculo para cualquier mensaje está en no conectar con las preocupaciones de la audiencia. Lo que pasa por su mente puede actuar como bloqueante y que tu mensaje no llegue de la forma que quieres.

Es también importante entender la diferencia entre lo que quieres decir y lo que la gente quiere escuchar. Un buen equipo de comunicación interna escuchará al negocio para darles forma a tus mensajes. Es fácil que tus comunicaciones se vuelvan unidireccionales, de arriba abajo, y simplemente reflejando la perspectiva del CEO o el mensaje corporativo oficial. Es crítico disponer de una manera efectiva de escuchar al resto de la organización, entender lo que piensan, cuáles son sus preguntas y preocupaciones. Porque si nos las abordas, el núcleo de tu mensaje nunca llegará correctamente. Esas cuestiones actuarán como barrera en la mente de la gente. No escucharán lo que tú quieres decir. La nube que generan sus preocupaciones, dudas y cuestiones pendientes ocultará los puntos clave de tu discurso. Descubrí la importancia de esto especialmente al viajar alrededor del mundo.

Durante un viaje a Sudáfrica, no era consciente de que la principal preocupación del equipo era sobre la nueva regulación del BEE (Black Economic Empowerment: una norma para promocionar el empleo y liderazgo empresarial de la raza negra buscando compensar previas situaciones de amplia desigualdad) definida por el Gobierno y cuál iba a ser nuestra reacción sobre esta.

Habíamos viajado hasta Johanesburgo para lanzar un nuevo conjunto de productos, y estábamos enfocados en compartir esos lanzamientos y cómo el equipo debería venderlos. Hablamos sobre los segmentos objetivo de potenciales clientes, y nuestras ambiciones en términos de resultados financieros. Sin embargo, nos dimos cuenta de cierta falta de interés y atención en la sala. Nuestro director regional se decidió a compartir lo que estaba en la mente del equipo. Su preocupación era que si la compañía debía moverse rápidamente a implementar BEE, sus trabajos podrían estar en peligro, e incluso que no pudieran seguir haciendo negocio en absoluto, esto era mucho más relevante para ellos que nuestro estupendo nuevo anuncio. Es decir, querían saber qué iba a hacer la empresa.

Explicamos nuestros planes para la región en línea con el BEE. Y una vez abordada la cuestión local, pudimos continuar con el resto de la presentación.

Mi lección esta vez fue que hay que entender lo que la gente tiene en su cabeza antes de pretender conectar con ellos. Desde luego, tu equipo de comunicación interna y tus líderes de las distintas unidades juegan un papel clave en identificar esos retos. Pero es el papel del líder facilitar la apertura para escuchar las preocupaciones reales del equipo y estar dispuesto a afrontarlas sin miedo.

4.7 TRATANDO CON LA DIVERSIDAD CULTURAL

Otra barrera relevante que he encontrado es la diversidad cultural. Ser consciente de los elementos culturales de una situación, o el lenguaje que se utiliza, hará tu comunicación más exitosa. Hay múltiples estereotipos sobre cada cultura, ya seas español, británico, alemán o chino. Pero es cierto que la cultura juega un papel significativo en la comunicación, ya sea un bloqueador o un facilitador. Siendo consciente de ello, puedes crear el nivel adecuado de empatía.

Por ejemplo, como español trabajando en un ambiente predominantemente británico, he observado la importancia de la palabra *interesante*. Hace unos cuantos años asistí a la revisión del negocio de una empresa de Internet en España. El director general estaba presentando los resultados y sus planes. No fue brillante. Pero su jefe británico dijo al acabar: «Gracias por la presentación; ha sido interesante (*interesting*)».

Me impactó, pensé que había escuchado una presentación diferente, porque me pareció que no tenía el nivel esperado.

«Sin embargo, continuó: los resultados deberían haber sido mejores, el plan de marketing no está claro, necesita más detalle, y dudo que las acciones que habéis puesto en marcha atraigan el talento que necesitamos».

Ese día aprendí que *interesting* tiene un significado muy diferente al término español interesante. Y que *interesting* seguido de *however* puede ser una combinación explosiva que puede destrozar cualquier presentación.

Hay otras expresiones «interesantes» en un entorno empresarial anglosajón.

May be you can give another look at your numbers significa que tus números son basura y que debes volver a revisarlos y hacerlos de nuevo.

May be we should take this offline significa que, si lo discutimos aquí en público, me pondré violento porque estoy en completo desacuerdo.

Tratando con gente de diferentes culturas durante estos años he aprendido la importancia de entender esas pequeñas diferencias cuando te comunicas.

Cuánto quieres sumergirte culturalmente al viajar es una decisión personal, pero que puede tener un alto impacto. Uno de mis momentos favoritos fue compartir el final del Ramadán con el responsable de una compañía de telecomunicaciones en Dubái. Había pasado el día con nuestro equipo, y respeté el ayuno durante todo el día. Cuando atardeció, fuimos juntos al iftar, el momento cuando acaba el ayuno. Estuve encantado de compartir un instante tan relevante del día. Me explicó que el ayuno para los musulmanes durante el Ramadán también incluye la oferta de *salat* (oraciones), recitar el Corán y realizar donaciones de caridad. Es un momento para recordar a aquellos menos privilegiados y actuar. Fue un signo de cómo él vivía su religión y por qué era importante para él. Me dio una oportunidad única de entender el entorno cultural, y de esa forma crear las conexiones que también facilitan hacer negocios.

Lo mismo ocurre con algo tan simple sobre cómo se entrega la tarjeta de visita al encontrarse con personas por primera vez. Hace años, conocí a un grupo de representantes de una compañía financiera japonesa, y vi cómo entregan la tarjeta cuidadosamente con dos manos. Esperan que tú recibas la tarjeta de la misma forma, usando las dos manos y dedicando unos segundos a leerla. En Japón, entregar una tarjeta equivale a entregarse uno mismo a quien se la das. En cierta forma, se personifican ellos mismos en la tarjeta. Por eso, esperan el mismo nivel de atención y respeto. Recibir la tarjeta sin apenas mirarla se puede considerar hasta rudo, en vez de crear un momento positivo, empiezas con el pie equivocado.

Finalmente, está la consideración de las grandes celebraciones culturales. La Navidad es importante para mi familia y para mí. Pero en una organización verdaderamente global, debes mostrar el mismo respeto al Ramadán, el año nuevo chino o el Diwali, por ejemplo. Es también fascinante aprender sobre estas celebraciones. Diwali o Deepvali, el festival de la luz, celebra la victoria de la luz sobre la oscuridad; es una de las fechas más importantes del hinduismo. Un año, estaba en Nueva Delhi, y tuvimos una experiencia emocionante viviéndola en persona. Y cuando ese año iba a enviar mi mensaje navideño me di cuenta de que la expresión *feliz Navidad* no sería reconocida igualmente en todas partes. Así que acabé mi mensaje deseando unas felices fiestas a todos, y una feliz Navidad a quienes la celebran. Es fácil ser inclusivo, pero es igual de sencillo olvidar cuán diverso y rico es el mundo en que vivimos.

La diversidad cultural enriquece tu organización. Un equipo con gente de diferentes nacionalidades puede resolver un problema mejor que un grupo de personas que piensan todos de la misma forma. Es crítico tomarse el tiempo para considerar, para entender y reflexionar cómo la diversidad cultural afecta a tus operaciones interna y externamente.

4.8 Escucha tanto como hables

Como *Chief Engagement Officer* has de ser de las personas que mejor escuchen en la organización. Debes escuchar sistemática y consistentemente para asegurar que el *feedback* que recibes tiene valor y permite transformase en acciones. Es fundamental, en este sentido, crear momentos para recabar información y adquirir un mejor entendimiento del contexto en el que opera tu organización.

Esas ocasiones, normalmente en eventos informales o reuniones de trabajo, requieren que acudas dispuesto a escuchar. Puedes recibir sugerencias, ideas o cuestiones sobre áreas específicas que te preocupan, o en general sobre cualquier tema. Una fórmula que a mí me ha funcionado muy bien se basa en organizar un «desayuno con el CEO», que puede animar a la gente a abrirse si creas el clima adecuado. Asegúrate de que no haya jefes en la sala, recalca el hecho de que estás abierto a ser cuestionado, escucha y realiza preguntas clarificadoras, pero no juzgues. Me he encontrado a mí mismo intentando justificar una decisión tomada, o por qué un cierto plan fue puesto en marcha, incluso antes de que la gente pudiera concluir el punto que estaban mencionando. Hay que hacer el esfuerzo de sentarse y escuchar de verdad, en vez de simplemente reaccionar y saltar con una respuesta. Ese tipo de mesas redondas te ayudarán a entender las preocupaciones de un equipo de una determinada localidad o de un cierto departamento. Puede proyectar algo de luz sobre por qué algunos procesos pueden no estar funcionando como deberían. Y, por supuesto, pueden aflorar las mejores prácticas susceptibles de ser replicadas en otras partes de la organización. Permite que la gente se apunte voluntariamente, procura que haya diversidad, intenta que esté presente la gente más difícil, escéptica o desconectada; no solo los que te apoyan incondicionalmente.

Siempre que quieras mejorar el *engagement* de tu equipo emplea las palabras más poderosas para conseguirlo: ¿y tú qué piensas?

La agenda del CEO suele estar extremadamente ocupada, lo que implica que la paciencia no es una cualidad fácil de cultivar. La revisión de proyectos o la toma de decisiones se suceden a buen ritmo, resta muy poco tiempo para actividades que no estén orientadas a la acción. Sin embargo, tu dimensión de *engagement* debe hacerse presente aquí. Debes recordar ser humilde. Debes usar regularmente las cuatro palabras más poderosas para obtener *engagement*: ¿y tú qué piensas? Esta sencilla pregunta puede cambiar una conversación. Inmediatamente genera energía positiva, ya que la persona siente que estás interesado en su punto de vista, y se sentirá como parte de la solución. Y te ayudará a asegurar que todas las perspectivas son consideradas.

Estábamos preparando una presentación al consejo, y contábamos con un grupo de becarios ayudándonos. Debatía con mi equipo sobre qué indicadores de rendimiento serían los mejores para reflejar el progreso que habíamos realizado en los últimos trimestres. En un determinado momento, me volví hacia los tres becarios y les pregunté: ¿y tú qué piensas? Nos dieron sus opiniones, que usamos junto con el resto de la información para producir la presentación. Meses después uno de los becarios me dijo: «No olvidaré ese instante. El CEO y su equipo pidiendo nuestro parecer fue muy especial. Significaba que mi opinión era importante. No estaba allí solo para producir el documento. Cambiaste la confianza que tenía en mí misma. Gracias».

Estoy seguro de que tú, como yo, estás tentado de dar tu opinión en los primeros momentos de una conversación. La próxima vez que tengas una reunión haz lo opuesto. Pregunta primero a tus colegas : ¿y tú qué piensas?, y espera hasta el final a compartir lo que tú piensas. He experimentado esto en varias ocasiones a lo largo de mi carrera. A veces te tienes que morder la lengua para evitar entrar demasiado pronto en modo de resolución de problemas. El nivel de energía y comunicación que conseguirás es extraordinario comparado con simplemente decirles lo que deben hacer o, incluso, lo que deben pensar.

4.9 ESCUCHA A TRAVÉS DEL *MENTORING*

Escuchar es una actividad que puede realizarse en cualquier momento y lugar: en una reunión, en un pasillo o tomando un café. También puedes crear esos momentos personales de escucha. El *mentoring* es una gran herramienta para ello. Muchos piensan que el *mentoring* va solamente de compartir tu experiencia y decirle a alguien cómo enfrentarse a problemas, basado en lo que tú has aprendido. Afortunadamente, el *mentoring* puede ser mucho más que eso. Puede facilitar momentos en los que reunirse con gente de talento que desea aprender y mejorar. Lo ideal es mezclar el *mentoring* con algunas buenas preguntas de *coaching* para maximizar la oportunidad. Te animará a hacer tres cosas.

Primero, necesitarás articular las lecciones que has aprendido, de forma que las puedas explicar para hacerlas útiles a la gente a quien mentorizas. Significa que debes ser capaz de contestar algunas preguntas difíciles: ¿cómo recomiendas gestionar a un jefe complicado? ¿Cuál ha sido la reunión más difícil que has tenido con un cliente? ¿Cómo sigues aprendiendo? De hecho, algunas de estas conversaciones me ayudaron a preparar parte del contenido de este libro.

Segundo, debes comprender el contexto de cada individuo. Esto te dará una introspección en la vida diaria de tu equipo. ¿Cuáles son los problemas a los que se enfrentan y cómo los gestionan? En este sentido, es mejor si la gente a quienes mentorizas son un grupo diverso: geográficamente, por función, por género o por etnia.

Finalmente, debes usar estas oportunidades para preguntar. La gente que pide tener un mentor quiere marcar la diferencia. Tiene opiniones y formas de pensar que pueden ser distintas de la tuya. Ellos verán cosas que tú no ves, trabajan en áreas de la organización a las que no estás habitualmente expuesto. Sé valiente y pide su ayuda. Te sorprenderá el resultado.

4.10 HAZTE VISIBLE. SAL DE TU TORRE DE MARFIL

Una agenda ocupada con largas reuniones en la oficina es tu mejor protección contra ser expuesto a la gente. Algunos lo llaman la torre de marfil. La tentación de vivir allí, conectado a un reducido número de personas, pensando que eso es lo que ocurre alrededor del mundo, puede acabar en una visión distorsionada de la realidad. Eso me ocurrió a mí. En ciertos momentos, cuando tu agenda está llena de intensas reuniones internas y discusiones sobre proyectos estratégicos, el tiempo se convierte en tu recurso más escaso. Es fácil, entonces, recibir actualizaciones solo a través de los canales que están cercanos a ti. Mi consejo es conseguir un mejor balance entre tus reuniones internas y tu visibilidad y presencia en la organización.

No hay forma más sencilla de hacerse visible que caminar por la oficina y saludar a la gente. Una breve charla para saber qué le ocupa a alguien, los retos que sufre o simplemente cómo les fue el fin de semana te conectará a ellos. Más importante aún, te proporcionará una fuente única de información, distinta de las que normalmente te mantienen al día. Es importante que allá donde viajes crees esos momentos. Aprenderás sobre tu negocio, y te ayudará a conectar visiones diversas a través de geografías, negocios y centros de servicio. Puedes actuar como un agente de cambio contando lo que has visto en otras áreas de la empresa. Puedes ser como la abeja en la polinización, utilizando ideas, experiencias y herramientas para hacer florecer otras unidades.

Tu dimensión de *engagement* se beneficiará de esa visibilidad. La empatía, el toque personal o la interacción cercana continúan siendo formas poderosas de conectarse. Interactuar con la gente en momentos que no están agendados previamente te dará la oportunidad de encontrarlos en su propio entorno. Puedes ser el CEO inesperado que está dispuesto a reservar tiempo de su agenda para reunirse con ellos. Puedes decidir dónde lo haces (en la oficina central o en una oficina remota) y la frecuencia (almuerzos a diario en el comedor de la compañía o visitando una planta cada mes). No importa.

Simplemente hazlo. Habla con la gente. Pregunta, y estate listo para recibir a cambio.

Puedes crear visibilidad sistemáticamente como parte de un programa, asegurando que se extienda a todo el equipo directivo.

Creamos un programa llamado De vuelta a lo básico. La idea era exponer al equipo directivo a los trabajos reales que la gente efectuaba en las distintas áreas de la compañía. Identificamos distintos puestos en la organización y elegimos un día para acompañar a las personas que efectuaban esas tareas básicas y esenciales para el funcionamiento de la empresa. Ese día 300 mánager se emparejaron con la gente que desempeñaba esas labores.

Nuestra tarea era escuchar y aprender sobre sus problemas, qué ayuda requerían, y compartir las historias de éxito a lo largo de las operaciones. Yo estuve en Bruselas e invertí el día con el equipo responsable de introducir los pedidos de clientes en el sistema. Todos descubrimos cosas diferentes: una buena cantidad de trabajo manual podía ser evitada, faltaba definición en los parámetros de algunos productos e incluso algunas condiciones físicas necesitaban mejoras.

Fue una gran experiencia que repetimos unas cuantas veces, y el impacto permaneció en la memoria del equipo. La mayoría de nosotros empezamos nuestras carreras en puestos parecidos. Tendemos a olvidarlo con facilidad. Conviene recordar de dónde vienes, y mantener tu conexión con la realidad.

La visibilidad del equipo directivo es especialmente relevante en nuevos entornos donde el teletrabajo reduce esas oportunidades. Créalas. Manteníamos equipos con un alto porcentaje de sus miembros trabajando desde sus domicilios. Queríamos asegurar esa conexión, y organizamos sesiones presenciales con grupos de veinte o treinta personas compartiendo tanto contenido de proyectos como realizando algunas actividades de equipo. Fueron momentos especiales para generar una vinculación que corre el riesgo de difuminarse con el trabajo en remoto.

4.11 Hazte un maestro del reconocimiento

El papel de un líder es provocar e incentivar tanto la comunicación desde los equipos, horizontalmente, como la comunicación desde los diferentes niveles de dirección. El CEO debe ser el primero en fomentar las conexiones informales a lo largo de la organización.

Compartir noticias proporciona una oportunidad única de conectar con hechos relevantes que mantengan a la gente conectada. Seguramente has oído que, en cualquier organización, hay gente que cuenta las noticias y gente que produce las noticias. Un buen líder debe diferenciar ambas. Por ejemplo, cuando firmábamos un gran contrato con un cliente, más a menudo que lo contrario, la historia de éxito era compartida por alguien sénior en vez de por la gente que había firmado esa estupenda pieza de nuevo negocio. El equipo que realmente lo había conseguido había estado tan enfocado en ganarlo y negociar las últimas condiciones del contrato que no tuvieron tiempo para pensar en comunicarlo. Pero ellos eran los verdaderos héroes, los que realmente merecían el reconocimiento.

Asegúrate de reconocer los logros, porque cuando ese reconocimiento ocurre, genera un montón de beneficios. Para el individuo, le da la confianza en su habilidad personal para alcanzar metas. Y para el resto de la organización, identifica un ejemplo, una inspiración para gente al mostrar los comportamientos que replicar. En un buen entorno de trabajo, esto ocurre a todos los niveles, entre colegas, entre departamentos, con clientes, de arriba abajo y de abajo arriba. En mi experiencia, como líder visible, debes liderar con el ejemplo. Puedes crear lo que yo llamaba el ecosistema de noticias: un conjunto de conexiones y relaciones entre gente que disfruta compartiendo las novedades sobre el negocio.

4.12 RECUERDA DECIR GRACIAS

Otra forma de crear fuerte impacto con pequeños gestos es la gratitud. No somos siempre muy buenos dando las gracias o felicitando a alguien por un trabajo bien hecho o un gran resultado. Este es un mensaje potente, a la gente le gusta que le den las gracias, y disfruta la visibilidad como recompensa emocional.

El reconocimiento como factor de motivación puede ser espontáneo o realizado de forma sistemática. Por ejemplo, solicitando a las distintas unidades que identifiquen hitos significativos de proyectos, buenas operaciones o esfuerzos excepcionales en resolver problemas. Ello llevará a contactar con una parte más amplia de la organización. Mi recomendación es invertir tiempo definiendo cómo quieres usar esta poderosa herramienta.

Decidí organizar una forma sistemática de reconocer a individuos y equipos que hubieran conseguido algo destacable. Disfrutaban recibiendo un mensaje directamente del CEO. Me quedé impresionado por sus respuestas y, en la mayoría de los casos, también seguí el flujo respondiéndolas.

Tú eres, en cierta forma, las relaciones que creas y desarrollas. No solo compartes o distribuyes los mensajes, eres el mensaje mismo. La gente te mira, te escucha y observa tus acciones. Tu visibilidad como líder y la sombra que proyectas tienen una amplia influencia en cómo opera el resto de la organización. Considera el dicho: lo que haces suena tan alto que no puedo escuchar lo que dices. Cómo te comportes cada día determinará tu habilidad en influenciar la organización. La atmósfera que crees ayudará a tus objetivos de negocio y se convertirá en parte del estilo de liderazgo de la organización.

4.13 RECONOCE A LA GENTE INVISIBLE

Piensa en aquellos que son menos visibles para ti. Los ves, e incluso puede que les digas hola. ¿Pero qué sabes acerca de ellos? ¿Has tenido alguna vez la sensación de ser transparente y de que no existes para la gente a tu alrededor? Así es como a menudo se siente la gente en presencia de los líderes en los niveles más altos de la organización. Sonreír, decir buenos días o buenas tardes, importa, ya sea a la persona de recepción, a quien limpia la oficina o a un colega unos pocos niveles más abajo. Unas pocas palabras reconociendo su existencia pueden marcar una gran diferencia para ellos y el resto del equipo. Todos contribuimos. Es fácil olvidar y merece la pena recordarlo.

En toda esta actividad de comunicación, el *Chief Engagement Officer* debe mantener tres atributos: ser abierto, honesto y personal, para asegurar el máximo potencial al conectar y construir empatía con todos los miembros del ecosistema empresarial. Algunos piensan que es mejor tener una relación opaca con los empleados. Yo creo que, para la organización, tiene valor conocer a la persona que está tras el puesto. Tú eres tú mismo primero, y tu puesto después. No necesitas ser amigo de todo el mundo. Pero debes mantener la apertura al comunicar, cuando hables con la gente y cuando recibas *feedback*. Apertura es estar preparado para explicar por qué las cosas ocurren, especialmente bajo circunstancias difíciles. Y la honestidad es ser capaz de reconocer cuándo has cometido un error, y debes hacer un esfuerzo adicional para arreglarlo. Compartir éxitos, retos y la realidad creará la credibilidad que será la base para llevar contigo a la organización en la travesía empresarial que lideras. Finalmente, el *engagement* es personal. El puesto del CEO es imposible sin hacerlo personal. Debes entregarte completamente. Y ello debe ser percibido en tus comunicaciones y tu forma de actuar.

4.14 Comunica con los miembros del ecosistema

Para el CEO, el *engagement* debe ser el camino para mantener tantos miembros del ecosistema empresarial como sea posible conectados a la visión de la compañía, asegurando que la apoyan. Aquí es donde tu dimensión como *evangelist* debe trabajar conjuntamente con la de *engagement*. Además de tu equipo directo hay otros grupos de interlocutores con los que invertir tiempo y ganar su respaldo: clientes, el consejo, la prensa, las comunidades de inversores y analistas y la sociedad, incluyendo los organismos políticos y regulatorios.

Es esencial conectar a tus clientes con la visión. Deben sentir que forman parte del núcleo de los planes de la compañía Eso les incitará a comprar tu productos y servicios. Ellos serán parte de tu crecimiento y mejora continua.

El consejo debe debatir, entender y sentirse parte de la visión, y cómo crea valor. Representa a los accionistas, y su misión es garantizar la gobernanza adecuada. Cada miembro individualmente puede ayudar en estrategias regionales, puede actuar para contrastar posibles desarrollos del porfolio, e incluso puede participar en eventos internos o con clientes. Involucrar al consejo facilitará la implementación de la visión.

El mercado externo debe conectarse a través de diferentes maneras. La prensa proporciona un canal adecuado para el mercado en sentido amplio, y una cobertura positiva será clave. Ello requiere prestarles atención y aprender las diferentes formas de trabajar en distintas publicaciones. Ayúdalos a disponer de noticias, y ellos estarán más interesados en tu organización.

Debes invertir también una cantidad significativa de tiempo con analistas e inversores. Ellos te pueden ayudar a enfocar el negocio y hacerlo mejor. Sus comentarios y cuestiones te harán pensar y reflexionar en la visión. En algunos momentos del ciclo de vida de la empresa, la comunidad de inversores demandará una mayor dedicación del CEO. Es aquí cuando una buena combinación de la tres dimensiones te valdrá para ganar credibilidad y confianza con ellos. Necesitarás los tres componentes básicos: una visión clara, una fuerte conexión y un rendimiento sólido.

En industrias altamente reguladas, tratar con reguladores y autoridades políticas será crucial. Entender y compartir sus prioridades y los imperativos de negocio de tu compañía ayudará. Ser fuerte y claro en tus principios no significa tener una mala relación. Conversaciones directas y firmes en los planteamientos serán necesarias, y el liderazgo del CEO debe ser evidente para representar los intereses de la empresa.

Finalmente, debes conectar gente de otras entidades de la sociedad, como organizaciones no gubernamentales, universidades o gobiernos locales. Debes decidir cómo tú y tu equipo vais a emplear el tiempo, Cuanto mayor número y mejores conexiones tenga tu organización con el resto de partícipes, más fácil será alcanzar la visión que hayas definido. Sin embargo, debes acordar quién en tu equipo de dirección hace qué y cuándo.

Éramos los anfitriones de un evento para periodistas europeos en nuestro centro de investigación. Visitar los laboratorios es una buena oportunidad para presentarles los futuros desarrollos y mantener conversaciones relajadas. Siempre se descubren nuevas ideas que se están probando, tecnologías en fase de experimentación y acuerdos con terceros que pueden crear nuevas soluciones. Era una ocasión única para que los periodistas preguntaran sobre las tecnologías que deseaban conocer mejor y nuestros planteamientos para su implantación.

El organizador quería utilizar la oportunidad para que los periodistas nos conocieran mejor, entender sus áreas de interés, e incluso crear una red de relaciones entre ellos. Éramos conscientes de que estarían más dispuestos a escuchar noticias nuestras durante el año si nosotros nos abríamos a ellos. Al mismo tiempo, si tenían dudas o cuestiones era mejor recibirlas directamente en un sesión conjunta, en vez de leerlas por primera vez en un artículo.

Así que decidí mostrarles cuán importante era para nosotros. Según el organizador nos iba presentando, memoricé su cara, nombre y área de interés. Incluso ahora recuerdo algunos de ellos —Geert, Paul, Ana, Pilar—. No fue fácil, pero estaba decidido a no fallar. Eran 16 periodistas de 10 países, con muy distintas áreas de interés, desde coches conectados a conexiones de banda ancha de alta velocidad usando tecnologías G-Fast.

Cuando nos sentamos a cenar, pronuncié el saludo de bienvenida mencionando a cada uno de ellos y el tema de su interés. Se podía ver la sorpresa en sus caras. Apreciaron el esfuerzo. De alguna forma, era una manera de mostrar que nos importaban. Fue un pequeño gesto con un gran impacto que facilitó las conversaciones, entrevistas y artículos, no solo en el día, sino en los meses venideros.

4.15 CONECTA A TRAVÉS DE LA ACTITUD DE SER POSITIVO

La pasión del *evangelist* combinada con la actitud positiva del *engagement* son elementos determinantes de cara a la ejecución de los planes. Existe una fina línea entre ser optimista o estar alejado de la realidad. Yo soy una persona positiva por naturaleza, y esta actitud me ha ayudado en muchos momentos difíciles. En esas circunstancias, tu equipo te observa, esperando orientación, escuchando no solo tus palabras, sino también el tono que empleas. Hay que encontrar el equilibrio entre optimismo y realismo.

Como se suele decir: el pesimista se queja del viento, el optimista espera a que cambie y el realista positivo ajusta las velas. La influencia del CEO determina cómo se enfrenta el equipo a los retos. Ser positivo se traduce en desarrollar una actitud del sí-podemos, identificando correctamente los riesgos y haciendo que el equipo tenga fe y se enfoque en la ejecución.

Para mover a la gente al territorio de «hacer que las cosas ocurran» deben pensar positivamente. Es común encontrar equipos debatiendo las razones por las que un proyecto o una tarea no pueden ser realizados, o por qué un cierto objetivo no será alcanzado. El CEO, como cualquier otro líder, puede modificar esta actitud fácilmente. En vez de preguntar por qué algo no será posible, pregunta qué debemos hacer para que ocurra.

Nos encontrábamos analizando cómo lanzar una nueva tarifa que pudiera ser disruptiva en el mercado y consolidara nuestra posición de liderazgo en los servicios de banda ancha de empresas. Un jefe de producto vino a la reunión e inició su presentación explicando las razones por las que no era posible lanzar el producto que queríamos en las fechas que habíamos previsto. Sus argumentos eran sólidos: no teníamos los sistemas adecuados, las plataformas no estaban suficientemente probadas, era difícil encontrar a los expertos en el mercado, y teníamos retos para formar a nuestros equipos comerciales. Cambiamos el tono de la reunión con una aproximación diferente: discutamos qué tenemos que hacer para superar esas barreras para el lanzamiento, en lugar de contemplar el problema e inventariar las razones por las que no era posible. Acabamos la sesión con un plan claro, con hitos para los cambios de sistemas, un plan de formación y aprobamos algunas inversiones adicionales. Replanificamos la fecha de lanzamiento a una fecha más realista y convertimos un debate negativo en uno positivo con un pequeño pero profundo cambio: movernos a la actitud positiva del sí-podemos.

Esta actitud puede generar la energía para acometer tareas imposibles. A lo largo de mi carrera me he sentido inspirado por muchos ejemplos de logros que parecían inalcanzables al enfrentarse a ellos.

Así me sentí al reunirnos con el equipo de BT Sport. La presentación de su director de operaciones resultó inspiradora, personificando lo que significa hacer posible lo imposible. Nos explicó cómo habían construido el estudio de televisión y preparado el lanzamiento de la cadena en pocos meses, cuando proyectos similares habían requerido varios años. Me gustó especialmente su descripción del momento cuando les dijeron que no era posible usar el edifico que habían elegido debido a un número bien justificado de razones. Fueron revisando una por una y buscando cómo encontrar una solución o alternativa. Al final, la conclusión fue que era viable establecer el estudio allí. Me pregunté cuántas veces aceptamos un no por respuesta en vez de profundizar en el por qué no y acometer las acciones necesarias para hacer que ocurra.

4.16 Reflexión

En este capítulo, hemos debatido cómo desarrollar tu dimensión *engagement* para conectar con tu equipo y el resto de los miembros de tu ecosistema de relaciones. Analiza tu respuesta a las siguientes cuestiones:

- o ¿Cuánto tiempo dedicas a preparar tus mensajes y los canales que vas a utilizar para lanzarlos?
- o ¿Qué canales usas para comunicarte formal o informalmente?
- o ¿Cuáles son las principales barreras que has encontrado en la comunicación?, ¿cómo las gestionas?
- o ¿Cómo desarrollas las conexiones personales con tu equipo o tus colegas?, ¿qué sabes de sus vidas?, ¿qué los motiva o preocupa?
- o ¿Con qué frecuencia reconoces a otros delante de sus jefes? ¿Cómo dices gracias?
- o ¿Qué tipos de retos de diversidad cultural has encontrado en tu carrera? ¿Qué errores no volverás a cometer?
- o ¿Qué ejemplos tienes de actitud positiva para hacer posible lo imposible?

5

LIBERA EL PODER DEL EQUIPO

5 LIBERA EL PODER DEL EQUIPO

La dimensión *engagement* convierte al líder en el responsable máximo de la calidad del equipo que se necesita para implementar la visión. Debe ser un ejemplo cuando se trata de mostrar que las personas son uno de los principales activos de la organización. Ello implica seleccionar, desarrollar, organizar, formar y empoderar activamente al equipo. Puedes tener un gran producto técnico, una base de clientes sólida y un rendimiento financiero excepcional, pero para hacer tu empresa sostenible necesitas un equipo fuerte con una cultura común que pueda enfocarse en llevarla al siguiente nivel de excelencia. Ese equipo incluye todos los niveles de la organización, pero empieza con el grupo de personas que trabaja directamente contigo. Sé exigente y no aceptes un menor nivel del requerido al reclutar, cambiar y desarrollar a tu equipo nuclear.

5.1 Selecciona el equipo

Seleccionar tu equipo directo es una de las tareas más urgentes e importantes para un CEO. En la mayoría de los casos, heredarás un grupo de gente que está asignada a puestos específicos. Independientemente de lo buenas que sean, no significa que sean las personas correctas para implementar la visión. Un nombramiento nuevo es una oportunidad única para confirmar o cambiar a esos miembros de tu equipo directo. La mayoría de los CEO lamentan no haber sido suficientemente rápidos en tomar esas decisiones. Hay dos cuestiones que debes ser capaz de responder lo antes posible. Primero, con quién cuentas, ¿quién respalda apasionadamente la visión sin dudas y está preparado para enfrentarse a los obstáculos que vayan apareciendo? Segundo, ¿quién tiene las capacidades, conocimientos o el potencial para ejecutar las acciones que hay que emprender?

El planteamiento de «si cuento contigo» no necesita ser tan dramático como el legendario anuncio de *sir* Ernest Shackleton para reclutar los aventureros para su expedición Nimrod al Antártico en 1907, pero, sobre todo al iniciar el camino de un proyecto de transformación, tu mensaje debe inspirar al equipo y reflejar la necesidad de estar preparados para correr riesgos. Este texto, siempre que lo he usado, impregna la conversación con un cierto espíritu de aventura.

> «Se buscan hombres para aventura arriesgada. Salario bajo, frio intenso, largos meses de completa oscuridad. Dudoso que puedan regresar sanos y salvos. Honor y reconocimiento en caso de éxito».

Este anuncio refleja lo que he encontrado en cada proyecto relevante en el que he estado involucrado. Es una travesía, en ocasiones dura, con momentos de oscuridad que requiere una buena dosis de resiliencia. La ambición es culminarla con éxito. La principal recompensa es el orgullo personal y del equipo. Y en algunos casos, el reconocimiento por parte de otros.

Cuando revises las capacidades y conocimientos de tu equipo, debes equilibrar sus puestos actuales con su habilidad de aprender y la posibilidad de ocupar otras posiciones. Ya sea que te hayan contratado desde fuera de la organización, o promocionado desde dentro, acertar con el equipo adecuado y lo antes posible es probablemente el ingrediente más importante de la receta del éxito.

Cuando heredas un equipo, en realidad es un conjunto de individuos con sus trabajos, responsabilidades y su propia historia. El análisis inicial exige chequear si tienen las capacidades, la actitud y el potencial requerido para las tareas que deben abordar como individuos y como equipo. Como parte de tu planificación, es clave evaluar esos tres elementos. Para ello, realiza entrevistas personales para entender la situación de cada miembro del equipo lo antes posible.

Seleccionar el equipo es una tarea compleja porque no estás eligiendo el equipo para hoy. Estás decidiendo el grupo que navegará a través de los cambios que vendrán, ya sean causados por el mercado, la visión u otros imperativos del negocio. Diferentes fases de transformación requieren capacidades específicas. Los perfiles requeridos para un plan de expansión son muy diferentes de los necesarios para una profunda reestructuración. El carácter de los compañeros de viaje que necesitarás puede ir variando, y tu equipo debe estar preparado para adaptarse a esas circunstancias.

Good to great, el libro de Jim Collins, es uno de mis favoritos sobre liderazgo. Presenta lo que requiere una compañía para ser una gran empresa en vez de ser solamente una buena empresa. Lo bueno es enemigo de lo excelente, dice. Pienso que es cierto. Lo bueno no es suficiente. Requerirás una disciplina fuerte para definir la visión, liderar al equipo y ejecutar con éxito el plan estratégico.

Al frente de las mejores compañías siempre hay un líder fuerte con atributos esenciales sustentados por su visión, su determinación y su humildad. El siguiente componente clave es el equipo. Collins se refiere a subirse a un metafórico autobús y entonces asegurar que el destino se va definiendo y ajustando conforme las circunstancias lo requieren. Esta es la razón por la que en diversas ocasiones a lo largo de mi carrera he preguntado a miembros de mi equipo: ¿cuento contigo?, ¿eres parte del equipo?, ¿estás comprometido con el resto y listo para lo que nos vamos a enfrentar juntos? Deben ser explícitos sobre su compromiso contigo y con el resto del equipo, aceptarlo de forma clara, y respaldarlo con hechos.

Una situación especial para un nuevo CEO es cuando has sido promocionado entre tus pares. En mi carrera, lo he experimentado varias veces: ser requerido para liderar el equipo del que antes era un miembro más. No es una situación sencilla, ya que pasarás a tener una relación diferente con ellos. También pasas a tener una perspectiva distinta cuando te conviertes en el jefe y puedes exigir más de aquellos que sientes que no están contribuyendo tanto como podrían. Puedes descubrir que alguien no está dispuesto a ser parte del equipo. Puedes ofrecerles otra oportunidad si eres claro en lo que esperas. Pero, en algunos casos, debes aceptar que un amigo personal debe irse. Estate preparado para ello. Honestidad y claridad te ayudarán en esos momentos complicados y en esas conversaciones difíciles.

5.2 Identifica tu equipo extendido

Cuando seleccionas el equipo, debes definir quién está en tu grupo nuclear y quién pertenece a lo que yo llamo el equipo extendido. Puedes verlo también como una estructura en tres niveles.

El primero, un reducido grupo de tres o cuatro personas que te ayudarán a tomar las decisiones rápidamente, dirigir la ejecución y contrastar ideas de forma efectiva. En mi caso, en una época, este grupo eran el director financiero, la directora de recursos humanos y el director de operaciones.

El segundo grupo incluye el resto de tus reportes directos. Ellos llevan el negocio y hacen que las cosas pasen.

Sin embargo, en mi experiencia, no son solo tus reportes directos quienes constituyen el equipo que va a implementar la visión y liderar la transformación que aspiras a producir en la organización.

Por ello, el tercer grupo consiste en quienes reportan a su vez al equipo directivo, y esta es la gente con quien debes establecer una conexión directa, bidireccional, por supuesto con la aquiescencia y aceptación de tu equipo directo. Por un lado, creará una organización más ágil si puedes compartir los mensajes directamente con ellos y obtener su compromiso. Pero, al mismo tiempo, producirá un *feedback* más rico, con ideas y cuestiones que provengan de ellos; son quienes te pueden contar la verdad de lo que ocurre en la compañía.

En cierta ocasión, envié un correo electrónico personalizado a cada uno de los 120 directivos sénior preguntándoles qué deberíamos hacer diferente. Ajustar cada mensaje a su área de actividad y su función me tomó una buena cantidad de tiempo. Les planteé preguntas específicas, pero también los animé a que me dijeran qué otros temas estábamos olvidando u obviando. Aprendí mucho de esos intercambios de mensajes. Algunos dispararon reuniones subsiguientes o nos hicieron reconsiderar algunos planes.

Por supuesto, debes estar listo para escuchar cosas menos agradables. Pueden cuestionar la estrategia o cómo se están ejecutando los planes. Debes escuchar y responder, entrar en un diálogo sobre lo que puede hacerse diferente, identificar las acciones que acometer y las áreas que mejorar. Sé tan específico como sea posible. Nunca aceptes una afirmación genérica como «el servicio es malo». Pregunta por detalles, y mantente dispuesto a profundizar, busca los hechos, pero evita ser protector o estar a la defensiva. El riesgo de perder semejante oportunidad es también una opción para fallar en el futuro. Si tomas la acción de preguntar, debes cerrar el ciclo con cada uno de ellos personalmente. No estás haciendo esto como una simpática acción de marketing interno. Haces esto porque reconoces el valor de lo que opinan, piensan y experimentan cada día enfrente de los clientes o en las operaciones. Algunas de las respuestas que recibirás serán largas, con mucho detalle; otros solamente preguntarán sobre nuestros planes, y cuestionarán por qué hacemos ciertas cosas que requieren una ingente cantidad de trabajo, pero producen poco valor. Esto es lo que aprendí. Cultivar un equipo más amplio, bien involucrado, consume mucho tiempo, pero merece la pena mantener esa conexión apoyada en una interacción continua con cada uno. Ellos son tu equipo.

5.3 Desarrolla el equipo

Un equipo es también un organismo vivo. Cambia, evoluciona y se transforma con el tiempo afectado tanto por factores internos como externos. Cada miembro está ligado a su propia trayectoria personal. Por ello, debes seguir cómo cada uno se desarrolla, y tú debes orientar y apoyar esa evolución. Para hacer esto, debes entender las fortalezas de cada persona, los potenciales planes de sucesión y cómo enriquecer el equipo con el tiempo, donde la diversidad y el refresco del talento juegan un papel crucial.

Entendiendo sus fortalezas tomarás mejores decisiones. Los perfiles más analíticos no tienen precio cuando te refieres a planificación financiera. Caracteres mas empáticos aportarán valor en conversaciones difíciles con clientes. No es solo sobre el puesto que ocupan, es sobre su contribución. Un buen test del desarrollo del equipo es considerar quiénes pueden ocupar una posición diferente al culminar su plan de desarrollo. El plan puede ser tan formal como decidas, pero, en cualquier caso, debe formar parte de tus conversaciones con cada uno de ellos.

Recuerdo múltiples conversaciones sobre el plan de carrera, conocimientos y capacidades con mi equipo. En una de esas charlas, por ejemplo, nuestro CIO me contó su aspiración de dirigir un negocio en el futuro. Para ello, además de sus responsabilidades existentes, le asignamos una pequeña unidad donde podría expandir su conocimiento y comprobar lo que exigía liderar una unidad de negocio con responsabilidad de cuenta de resultados. Un año y medio después, ya estaba listo para estar al frente de una de las unidades comerciales de mayor tamaño. Aprovechamos su profundo conocimiento tecnológico y su fortaleza en la ejecución de proyectos y, personalmente, invertí tiempo ayudándole en las relaciones con clientes y en el análisis financiero. Como resultado, no solo él se desarrolló como individuo, sino que al mismo tiempo consolidamos un equipo más fuerte.

Para tener esta flexibilidad en rotar gente, necesitas tener planes de sucesión. Eso significa anticiparse en pensar quién puede ocupar cierta posición, ya sea de forma inmediata o en unos meses o años. Requiere también que debes estar expuesto a la mayor cantidad posible de ellos en presentaciones, reuniones y proyectos. La mejor forma de evaluar a alguien es a partir de su actuación real en un trabajo. Ello puede ser complementado con asesoramiento externo de compañías especializadas. Un sólido plan como este te permitirá rotar gente y puestos. Y puedes usarlo para sacar gente de su zona de confort si quieres tener líderes más completos. Algunas compañías, por ejemplo, exigen experiencia como director de país antes de ser elegido para una de las posiciones más altas en la organización, ya que consideran que ese tipo de exposición a mercados locales es crítico.

Estos planes de sucesión pasan su examen cuando el CEO se marcha. Si es reemplazado por alguno de los nombres de su lista de sucesores, es una señal de una buena preparación del desarrollo de talento interno.

Mi sucesor y yo trabajamos juntos durante nueve años. Le fiché al frente de una operación regional y posteriormente tuvo diferentes responsabilidades en distintas regiones y unidades sectoriales. Él estaba listo, y por tanto pudimos realizar una transición suave. Su profundo conocimiento de clientes, el negocio y el equipo le ayudaron a ocupar su puesto rápida y efectivamente. Esto significa que la organización pudo mantener la inercia, evitando un efecto de parada-inicio. Desde luego, él ejecutaría con su propio estilo, y haría los cambios en la estrategia y la forma de dirigir el negocio que considerase —cada CEO procura dejar su propia impronta en la organización—. Pero, de nuevo, esto es por lo que estaba preparado para la sucesión.

5.4 Beneficios del valor de la diversidad en el equipo

Cuando construyes y desarrollas tu equipo directo y tu organización, eres también responsable de potenciar la diversificación del talento. Y la diversidad de todo tipo debe ser tomada en serio. Debes ser capaz de incorporar talento de tantas fuentes como sea posible para garantizar la longevidad y el futuro éxito de tu negocio. Y necesitas también atraer talento diverso. No es solo una acción para quedar bien o para apoyar una mayor justicia o igualdad social; enriquecerá tu organización. Al mismo tiempo, tu actitud y comprensión hacia la diversidad te hará un líder de mayor éxito.

Esto aplica también a tu equipo directo. Como CEO, es muy fácil sentirte más confortable con gente que piensa como tú, que hayan tenido una formación similar, que trabajen de manera parecida o con una experiencia del mismo tipo. Es estupendo compartir un pasado común en algunos ámbitos, pero cuanto más diverso hagas tu equipo, más fuerte será. Y no es solo en género, etnia u orientación sexual. Me refiero igualmente al pensamiento estratégico. Es difícil a veces aceptar a alguien en el equipo que aporta un nuevo ángulo o cuestiona una decisión que se ha tomado. Pero eso es lo que hace mejor al equipo. Tener gente a tu alrededor que te diga la verdad, cuestione tus ideas y traiga nuevas contribuciones es esencial. Tu papel es fomentar la diversidad, y la base para ello es tener un equipo con profesionales de índole diversa.

Una forma de involucrarse activamente es a través de programas específicos que promocionen la diversidad en la organización. Puedes ayudar a otros a reflexionar y discutirlo abiertamente. La diversidad debe ser una pregunta proactiva que todo líder debería hacer. No significa tomar una decisión errónea, pero políticamente correcta al seleccionar un candidato para un puesto, es lo contrario: nombrar la persona que haga un equipo más diverso y, por consiguiente, más fuerte.

Durante varios años he formado parte de EJE&CON, una organización que se enfoca en apoyar que un número creciente de mujeres alcance puestos directivos y consejos de administración, pero desde la perspectiva de la igualdad y la justica. Hemos acuñado los términos #talentosingénero y #talentosingeneración para asegurar que las decisiones sobre los líderes empresariales son ecuánimes y aprovechan la riqueza de la diversidad. Esta asociación tiene miembros femeninos en su mayoría, pero también incorpora hombres convencidos de la causa de la diversidad. La participación de líderes empresariales masculinos acelera el proceso a través de su compromiso y activismo.

Con una vocación similar en el Reino Unido, participamos en un programa llamado el Club del 30 %, que buscaba inspirar esa discusión. Consideré que el tema era tan relevante que decidí escribir un blog sobre ello.

5.5 ASUME LA DIVERSIDAD

Asumir la diversidad se está convirtiendo cada vez más en una oportunidad estratégica para empresas y organizaciones. La riqueza de tener un conjunto diverso de miembros de equipo da una perspectiva amplia, una forma de innovar la manera de analizar problemas y considerar alternativas de negocios. Hay muchas formas de contemplar la diversidad. Y una de las más relevantes es la diversidad de género.

Tuvimos un evento de *mentoring* con el Club del 30 % y Women Ahead, y tuve el privilegio de presidir el evento. El Club del 30 % aspiraba a conseguir un mínimo del 30 % de mujeres en posiciones ejecutivas y de consejos en el FTSE-100. En 2016, la cifra estaba en el 26,1 % desde el 12,5 % en 2010, cuando se montó el club. Ahora el club ya está presente en 30 países (en el Reino Unido, en la actualidad el club aspira a la paridad como en muchos otros países. Sin embargo, aún estamos lejos cuando comprobamos cuántos CEO son mujeres o en cuántos equipos directivos su presencia es equilibrada).

Participamos en el esquema de *mentoring* cruzado entre compañías del Club del 30 %, que buscaba desarrollar el potencial y la paridad de mujeres en consejos. Las mentorizadas son todas mujeres de alto potencial de distintos niveles. Estoy contento por tener a 8 personas que son apoyadas por ejecutivos, hombres y mujeres, de otras empresas participantes.

Muchas veces olvidamos reflexionar sobre cómo podemos asegurar que potenciamos la diversidad en todos nuestros procesos de decisión. Múltiples estudios muestran que organizaciones diversificadas producen mejores resultados. La diversidad ofrece la oportunidad de ser una mejor empresa, un mejor equipo.

La diversidad de género, como la que muestra el programa anterior, es clave. Requiere atención desde el proceso de reclutamiento hasta cómo se producen las promociones; desde cómo se ofrecen hasta la manera de cómo se señala el camino para acceder a posiciones más altas en la organización. En muchas organizaciones hay programas activos para promocionar la diversidad de género. Pero no todo el mundo cree que sea bueno implementar políticas y mantener el foco de manera proactiva. Yo estoy convencido de que aún es necesario. Me siento afortunado de conocer a un buen número de excelentes mujeres profesionales y líderes, empezando por mi mujer, que ha desarrollado una brillante carrera. Lo han hecho mientras creaban familias con fuertes compromisos familiares. Deberíamos apreciar más explícitamente el esfuerzo adicional que, en la mayoría de los casos, deben poner para llegar allí donde están.

Como líder, la cuestión es cómo animar y facilitar las oportunidades para que distintos tipos de diversidad enriquezcan el equipo que estás creando. En los negocios, lo que no se mide es difícil que se mejore. Por ello, unos elementos clave de estas políticas prodiversidad son los indicadores que definas. Por ejemplo, medíamos la diversidad en el proceso de reclutamiento y la de los que finalmente reclutábamos; analizamos la diversidad de quienes pasaban al siguiente nivel de la organización y los salarios para trabajos similares en distintos grupos de diversidad. Es clave que personalmente dediques el tiempo para hablar tanto con individuos de éxito en el proceso como con quienes han sido rechazados. Puedes también nombrar un campeón de diversidad para dar más visibilidad a este relevante asunto. Sin embargo, el CEO debe actuar como el principal promotor. Esto, desde luego, aplica a todo tipo de diversidad, como la de género, etnia u orientación sexual, que requieren una atención similar, no solo para evitar la discriminación, sino también para apoyar la integración que enriquezca la organización.

5.6 Adquiere talento

El *Chief Engagement Officer* debe ser el principal patrocinador del programa de talento. Debe provocar al resto de la organización, forzando crear un espacio para que el nuevo talento contribuya, crezca y transforme la organización en la que trabajan. El talento debe ser atraído, desarrollado, y descartado cuando no encaje. Desde luego es cierto que todo el mundo tiene talento. Pero me refiero a las situaciones en las que un área en particular necesita, por ejemplo, refrescar su perspectiva. Puedes incorporar talento para retar tu forma de pensar con gente de una nueva generación o de una experiencia profesional diferente. Aprendí que es sano identificar flujos de talento y orientarlos hacia áreas específicas de la compañía, y ayudar para que, más adelante, naveguen libremente por la organización.

Mis cuatro hijos y sus parejas están al inicio de sus carreras. Esta es probablemente otra razón por la que estoy convencido de que la mezcla de gente con talento y sólida experiencia con la sangre nueva de recién incorporados es una gran combinación. Gente joven puede traer nuevas capacidades. Los programas de recién graduados, becarios y aprendices proporcionan la oportunidad de incorporar nuevo talento con diferentes perspectivas a las tuyas. La curiosidad, energía y apertura de mente son activos intangibles para combinar con el conocimiento, la pasión por los clientes y la experiencia que tu organización tenga previamente. Debes aprovechar la oportunidad de que todo lo que hagas sea cuestionado, los procesos sean interpelados y nuevas soluciones sean planteadas. Ya sé que los denominados *millennials* pueden atemorizar a ciertas organizaciones. Cuestionan el *statu quo*, y necesitas mantener una mente abierta para escucharlos y estar listo para mover y cambiar cosas. Esta frescura combinada con el talento con más experiencia en la organización genera un efecto que hay que explotar. Algunas empresas olvidan esto y desechan profesionales excelentes por haber superado una cierta edad. Un error que hay que evitar.

Como ejemplo de atracción de talento joven, disfruté reuniéndome con 25 aprendices que habíamos reclutado para el equipo de ciberseguridad de BT. Les dije que, en cierta forma, ellos eran los nuevos «Kingsman» (agentes secretos) que necesitábamos para enfrentarnos a los crecientes retos que aparecían en el ciberespacio cada día. Su entusiasmo y rápida curva de aprendizaje gracias a trabajar junto a experimentados profesionales de la ciberseguridad nos confirmó que era posible desarrollar expertos al ritmo adecuado para atender a nuestros clientes en esta área de crecimiento.

De igual forma pasé tiempo con un grupo de 30 recién graduados, compartiendo mi experiencia personal al comienzo de mi carrera en un puesto similar en IBM. Me hicieron preguntas sobre el negocio, pero también querían entender cómo era el camino para convertirse en CEO. Sin temor, sin tabús, solo sana curiosidad. Me encanta ser cuestionado, y la interacción con talento fresco que se une a la compañía es una gran oportunidad para ello. Pero es también tu responsabilidad retenerlos, proporcionándoles los retos y oportunidades a los que enfrentarse.

Este tipo de programas te proporcionan también la oportunidad de embarcar talento de origen diverso. Uno de mis mejores encuentros fue con un universitario llamado Will. Sus propios retos, y cómo se enfrentaba a ellos, fueron una fuente de inspiración para mí. Me recordó que somos responsables de que nada se interponga en el camino de adquirir talento.

Porque Will era sordomudo. Pero eso no le había impedido trabajar duro y aprender en sus rotaciones como graduado. Me impresionó cómo se comunicaba usando una tableta electrónica. Cuando yo le hablaba, en la línea telefónica alguien tecleaba y él podía leer en la pantalla lo que yo estaba diciendo. Me admitió que era realmente bueno también leyendo los labios, y que incluso podía reconocer diferentes acentos como el mío. Cada vez contamos con mejores herramientas y tecnologías que permiten esta integración. Es imprescindible considerarlo en nuestros planes.

Me di cuenta de la importancia de facilitar la integración a personas con discapacidades para que puedan aportar plenamente sus fortalezas. Will me dio una razón más para sentirme inspirado sobre cómo el poder de las comunicaciones y la tecnología pueden cambiar la vida de las personas haciendo un mundo mejor.

5.7 Desarrolla el talento

Tras adquirir talento, es necesario desarrollarlo. Sin embargo, esto no es solo función de recursos humanos como frecuentemente se asume. Los líderes de las áreas de negocio, empezando por el CEO, deben actuar como responsables de cualquier programa de gestión del talento. El poder y el valor del nuevo talento puede transformar la organización hoy, pero, incluso más importante, será la base para mañana.

Vivimos en un mundo en el que las nuevas generaciones interactúan y usan la tecnología de forma diferente, compran bienes y servicios a través de distintos canales y se plantean de otra forma sus prioridades en la vida y lo que esperan de un trabajo. Son también más exigentes respecto a la contribución social de la compañía, buscan disponer de entornos abiertos para compartir ideas e información, y quieren entender la posible evolución de sus carreras en la compañía.

Decidimos crear algunos equipos de personas con la ambición y el potencial de que fueran los siguientes líderes de nuestro negocio. Queríamos construir una comunidad global, para ello seleccionamos diez grupos de personas de diferentes regiones y divisiones. Cada equipo asumió un problema clave y trabajaron juntos para proponer cómo resolverlos. Llamamos al programa Líderes del futuro (un nombre no demasiado original pero descriptivo de lo que buscábamos). En las reuniones debatimos dos cosas. En primer lugar, las áreas donde ellos sentían que debíamos actuar, ya fuera para desarrollarlas o cambiarlas. Segundo, yo también tenía unas cuantas áreas en las que quería que se centrasen. Por ejemplo, revisaron cómo gestionábamos cuentas globales o cómo mejorar la asignación de recursos a proyectos críticos. Actuaban como una especie de centro de pensamiento. Compartimos sus conclusiones con los responsables operativos. Fue un factor de motivación para estos futuros líderes al sentirse entusiasmados por contribuir más allá de su labor del día a día. Para el equipo directivo, fue la ocasión de tener más visibilidad del talento de la organización ayudándole, al mismo tiempo, a mejorar a lo largo del proceso.

5.8 ORGANIZA EL EQUIPO

Liderar un equipo es una de las experiencias más fascinantes que cualquiera puede tener. Y cuanto más sénior sean sus miembros, más difícil puede resultar. Son individuos con mucha experiencia, distintas motivaciones y capacidades diferentes. Aprender a combinar esas *skills* y extraer lo mejor de ellos requiere tiempo. Debes conocer a cada uno bien, su pasado, su interior y a lo que aspiran. Entender la razón por la que están en este proyecto. Recabar las respuestas individuales te ayudará a crear la mejor forma de trabajar, y consecuentemente hacerles un equipo más fuerte.

Uno de ellos provenía de una familia humilde, y, por ello, era muy exigente consigo mismo y con quienes trabajaban con él. Otro había conseguido hacer dinero vendiendo su empresa años atrás, pero aún necesitaba sentir la satisfacción de alcanzar metas ambiciosas. Para la mayoría, generar impacto y ser capaz de dejar un legado era parte de su foco. Todos disfrutaban trabajando con clientes, deseando prestar un alto nivel de servicio. Pero también tenían dudas sobre ellos mismos y sus equipos, se cuestionaban algunos aspectos de cómo trabajábamos, cómo nos organizábamos y el hecho de que las responsabilidades no siempre estaban tan nítidamente asignadas como deberían. La burocracia y la pesadez de los procesos operativos generaban frustración, y necesitábamos trabajar juntos para simplificarlos. Todos querían hacer lo correcto, triunfar personalmente y formar parte de un equipo ganador. Estaban listos para hacer lo necesario y marcar la diferencia.

Una vez que entiendes a tu equipo, debes decidir cómo vas a dirigirlo para obtener el máximo de cada individuo. Cuando lideras una organización, debes tomar una decisión clave: la gestionas como un equipo o como un conjunto de individuos con sus interdependencias. Esto se explica de manera brillante en el libro *Speed Lead* de Kevan Hall.

Siempre puedes encontrar proyectos específicos que agrupen a todo el equipo en torno a un objetivo común que requiera la ejecución conjunta. En una organización global, por ejemplo, pueden trabajar unidos en la definición de la estrategia, «el sentido del viaje». Alguien puede construir el marco de la estrategia, para forzar el debate, y alcanzar una posición acordada y apoyada por todos. Pero, al margen de estos objetivos comunes, es difícil forzar que diversos líderes trabajen juntos si no está claro el beneficio para ellos de hacerlo.

Cuando me incorporé, nuestro negocio estaba organizado en dos categorías de unidades operativas: geografías e industrias. Ello generaba continuas disputas sobre dónde se ubicaban los límites de la responsabilidad de cada uno. Desde luego, los clientes eran gestionados desde una sola división. Pero había decisiones menores, como la aprobación de viajes, que hacían las cosas difíciles en las operaciones de nuestro día a día. Decidimos cambiar y dividir el negocio en cuatro divisiones geográficas, mientras manteníamos un servicio unificado para nuestros clientes globales. Ello significaba que había un foco primario en alcanzar los objetivos regionales, mitigando el riesgo de la aparición de silos mediante la asignación de objetivos compartidos. Al mismo tiempo, es imprescindible evitar la dilución de la responsabilidad potenciando la colaboración que debe ser una parte integral de la actitud y el comportamiento de tu equipo directivo. Tú debes fomentar ese espíritu de equipo, que estén listos para apoyar a otros y celebren su éxito tanto como el suyo propio. Pero este no siempre es el caso, y tu ejemplo para hacer funcionar el modelo organizativo es crítico.

Me reuní con un vicepresidente de una firma de analistas tecnológicos. Me describió la transformación por la que su compañía estaba pasando. La naturaleza de su negocio previamente invitaba a operar con cierto grado de independencia. Sin embargo, las tendencias de la industria y los requerimientos de clientes demandaban una forma más cohesionada de trabajar. Sus analistas necesitaban cooperar como un equipo para explotar el valor de su conocimiento. Debían modificar la forma de trabajo, sin perder su valor como gurús o sabios y su conocimiento experto en las materias que dominaban. Aplicó una analogía musical: no podían permitirse tener solistas ejecutando independientemente, no más artistas aislados. Tenían que tocar como una banda de *rock*. Una banda global. Aún recuerdo su historia, que he empleado en múltiples ocasiones. Cada miembro de la banda es un experto en un instrumento específico, pero deben ejecutar en sintonía para realizar una gran actuación. Solo entonces serán mejores que la suma de las partes.

En tal escenario, debes actuar como un facilitador, entendiendo a cada miembro de tu equipo y creando una atmósfera en la que la magia del trabajo en equipo se produzca. Para ello, debes establecer claras responsabilidades para cada uno, y definir la ambición como equipo. La organización es como un gran sistema que opera a través de subsistemas. Si intentas optimizar cada subsistema separadamente, puedes diluir las sinergias.

En una de nuestras reuniones, usamos el ejemplo de un equipo de fútbol. Si consideras ese equipo como un sistema, el resultado óptimo será ganar el partido. Sin embargo, si permites que cada subsistema de jugadores (portero, defensas, medios y delanteros) busque su mejor resultado, no conducirá necesariamente a la victoria. Los delanteros *per se* preferirían meter tantos goles como fuera posible. Para ellos cuatro goles será mejor que uno. Pero como equipo será mejor ganar 1-0 marcando solamente un gol que perder 4-5. Es un arte conseguir que el equipo trabaje como un todo. La forma en que estructures tu organización es solo un medio para un fin. La estructura nunca debe ser el objetivo, y debes estar dispuesto a alterarla si no está sirviendo a su propósito.

En este sentido, el diseño de una organización puede ser clave en su rendimiento. Por ejemplo, la mayoría de las empresas emplean un modelo matricial en sus operaciones. Un modelo matricial se traduce en que casi cualquier función de la compañía tendrá dos líneas de reporte.

Tuvimos un director regional financiero trabajando con el presidente regional, pero reportando directamente al director financiero del grupo. Uno de mis colegas en Singapur necesitaba obtener la aprobación de un viaje. La decisión requería dos aprobaciones en el proceso, añadiendo un innecesario nivel de complejidad y tensión, y reduciendo la agilidad en la toma de decisiones. En este tipo de situaciones necesitas claridad en la responsabilidad y confianza. Puedes asignar la responsabilidad, pero necesitas fomentar la confianza. Cambiamos la forma de gestión de los presupuestos y permitimos que las decisiones se tomaran localmente.

Algunas personas pueden sufrir con una organización matricial. Pero para mí tiene sentido, ya que por un lado estar más cerca de donde ocurren las cosas te permite tomar decisiones mejores. Por otra parte, necesitas consistencia a lo largo de la empresa, por ejemplo, en políticas de gestión de la tesorería. Es importante que ambos jefes proporcionen el nivel adecuado de apoyo, en vez de estresar al individuo. Una forma sencilla, que funcionaba para nosotros en la mayoría de los casos, era tener la estrategia, las políticas y los planes definidos y acordados con las funciones centrales-corporativas, y que las unidades locales fueran responsables de adaptarlas y ejecutarlas. Todo funcionando bajo el principio de objetivos alineados con procesos de evaluación donde ambas líneas de reporte estuvieran representadas.

5.9 El papel del *coaching*

El CEO debe ser el *supercoach* de la organización, empezando con su equipo, pero no limitándose a él. Con este papel como entrenador, puede ayudar a las personas a encontrar lo que les motiva, definir ambiciones conjuntas y tener conversaciones difíciles cuando sea necesario.

Ganar tiene caras diferentes para distintas personas. Para los más orientados a ventas, se trata de firmar un contrato con un cliente. Para otros, ganar es completar un proyecto tecnológico. En todos los casos, consiste en alcanzar una meta. Por tanto, las preguntas en una buena sesión de *coaching* pueden ayudarte a encontrar esos objetivos y ambiciones personales que sacarán lo mejor de cada uno.

Tu conocimiento y experiencia pueden hacer de ti un gran *coach*. Tu equipo directo apreciará si tiene conversaciones desde la humildad, debatiendo abiertamente los retos a los que se enfrentan.

Estábamos debatiendo por qué el servicio que prestábamos no tenía el nivel de excelencia deseado. En algunos casos era porque vendíamos demasiadas soluciones como trajes a medida de nuestros clientes. Tuvimos un intenso debate entre los líderes de las distintas unidades implicadas. Inicialmente, se señalaban unos a otros, pasándose la culpa. Mantuvimos una sesión con ellos, y solo empleando preguntas sobre las preocupaciones y puntos más dolorosos fuimos identificando la raíz del problema. El primer reto consistía en que todo el mundo trabajase conjuntamente al realizar cada oferta comercial. Nosotros mismos éramos el problema al no impulsar suficientemente que las propuestas se elaborasen en equipo. Es demasiado fácil para los comerciales afirmar que el servicio es malo, o para los responsables de servicio decir que se venden proyectos que son imposibles de implantar. Pero también es inútil. Ayudar a un equipo a trabajar de forma diferente marcará la diferencia.

Las conversaciones de *coaching* pueden ocurrir en cualquier momento y sobre cualquier tema. Pueden inspirar y cuestionar al equipo para hacer cosas que se pensaron imposibles. A menudo me he encontrado liderando una reunión orientada a buscar una solución, proporcionando yo la respuesta final en vez de llevar al equipo a través de la reflexión. Es mucho más efectivo y enriquecedor ser paciente. Una técnica sencilla es preguntar varias veces ¿por qué? Hasta llegar a la causa raíz. Todos lo sabemos.

Hace unos años, queríamos situar nuestro logo en la azotea del edificio de oficinas que teníamos en Madrid, en una ubicación de alta visibilidad. Era una forma estupenda de hacer nuestra marca mucho más visible. Cuando preguntamos por qué no estaba allí todavía, nos dijeron que el dueño del edificio no lo permitía. ¿Por qué? Porque no éramos la única empresa en el edificio, y las otras podrían también querer situar su imagen allí arriba. Podría generarse una disputa por la mejor ubicación. Así que ofrecimos tomar el segundo mejor sitio. Pero aún era imposible. ¿Por qué? Costaría mucho. ¿Por qué? Cuando llamamos al dueño, dijo que el precio era solo para desanimar, que preguntásemos de nuevo. Así que acordamos tanto un precio razonable como la ubicación, dejando opciones para otros en el futuro. Unas semanas después nuestro logo estaba allí, en la azotea de uno de los edificios más altos y visibles de Madrid. Simplemente preguntando ¿por qué?, varias veces.

5.10 Estate listo para tener conversaciones difíciles

Mantener conversaciones difíciles es parte del papel del CEO. *Engagement* no es solo para mensajes positivos y reconfortantes. Debes estar preparado para los momentos difíciles: por no alcanzar los resultados acordados, por un problema personal o al tener una conversación acerca de dejar la compañía. He aprendido que claridad, honestidad y decisión son todos importantes factores del momento.

Sé claro: esas conversaciones deben basarse en hechos. Una discusión dura nunca debe ser emocional por tu parte. Independientemente de cómo te sientas, debes permanecer objetivo y específico. Facilitará ese momento difícil.

Sé honesto y abierto: todos somos adultos, y lo peor, que solo empeorará la situación, será ocultarse tras otros decisores o incluso faltar a la verdad. Tómate tiempo y hazlo en el entorno adecuado. No debes tener una conversación difícil deprisa y corriendo, en la que no tengas tiempo para escuchar, o en un pasillo. Esas conversaciones merecen la discreción y privacidad necesarias.

Sé decidido: cuanto antes lo ejecutes, mejor. Una vez que hayas decidido tener la conversación, tenla. El tiempo solo deteriora la situación. Define un marco temporal para ejecutar el resultado que esperas. El objetivo es mejorar la situación, definir un plan claro y cuándo se va a revisar. Si vas a pedir a alguien que abandone la empresa, sé firme al definir cuándo y cómo.

Uno de los momentos más difíciles es cuando debes tener una conversación de salida con alguien, que no solo es un colega, sino también un amigo. Hace unos años tuve una de estas charlas. Yo apreciaba mucho a la persona, habíamos trabajado juntos durante muchos años, él era bueno en algunas de sus funciones y proactivo en otras áreas. Pero era el momento de realizar un cambio. Habíamos intentado durante algún tiempo transformar la unidad que lideraba, pero los resultados no se alcanzaban. Yo fui bastante abierto: no has conseguido lo que acordamos, por lo que debemos actuar antes de que sea peor. Desde luego, no fue sencillo para ninguno de los dos. Lo preparé detenidamente, pensando cuidadosamente sobre la persona y el mensaje. Aprendí a separar el respeto y el aprecio que sentía por la persona de los hechos. Todos tendremos algún día conversaciones como esta; trata a todos como te gustaría ser tratado cuando llegue la ocasión.

5.11 Empodera al equipo

El *Chief Engagement Officer* debe aprovechar el poder de toda la organización, que se consigue liberando la energía individual de cada uno. Este es para mí el sentido de empoderar, que la gente opere a su máximo potencial. El empoderamiento puede convertirse en una forma de fomentar la imaginación, la innovación y la velocidad. Con una organización más empoderada, las decisiones se pueden tomar más deprisa, y más cerca de la primera línea del negocio. Pero debes ser claro en los objetivos, procesos y la gobernanza para asegurar que no se generan riesgos desconocidos. Necesitas claridad en los límites, flexibilidad para permitir errores, pero, al mismo tiempo, estableciendo una adecuada gestión de consecuencias.

El empoderamiento siempre existe con referencia a un marco de operación. La agilidad y flexibilidad en la toma de decisiones debe realizarse dentro de unas limitaciones acordadas, por ejemplo, estableciendo los límites de descuentos que se pueden dar a clientes, o las prioridades en la entrega de un proyecto. Cuando alguien solicita que le den más poder, en la mayoría de los casos he encontrado que tiene mucha más capacidad de decisión e influencia de la que piensa. Normalmente, aquellos que no lo piden son capaces de manejar la organización mejor usando las palancas disponibles.

Un error común acerca del empoderamiento está en la definición del marco o contexto. Debes aclarar los grados de libertad y dónde aplican. El empoderamiento no es el derecho de hacer todo lo que uno pretenda. Es la habilidad de operar con flexibilidad dentro de los límites definidos en el modelo.

En una discusión sobre empoderamiento con uno de nuestros equipos empleé la siguiente historia.

En una orquesta clásica, los papeles y los instrumentos son asignados con claridad. Si tocas el violín, conoces tu función. Los conciertos más hermosos son ejecutados cuando el director consigue explotar las capacidades de los músicos mientras ejecutan la obra. Dirías que la orquesta esta empoderada. Imagina que la obra que ejecutar es *Carmen* de Bizet. Empoderamiento no es que un violinista pueda traer las partituras de la *Aida* de Verdi. Existe un marco en el que todos deben tocar. El empoderamiento erróneo seria traer una guitarra, en vez del violín, a los ensayos. El papel del violinista es tocar la parte del violín en *Carmen*. Ese es el marco de operaciones. Está empoderado para decidir cómo tocar, mantener el instrumento en perfecto estado, y poniendo su energía personal en cada nota, realizando la mejor ejecución. La sensación de empoderamiento también libera la pasión para hacer tu trabajo de la mejor forma posible dentro del marco en el que operas.

Si le das a la gente la confianza y la libertad de hacer propuestas, discutir abiertamente y cometer sus propios errores, se sentirán más dispuestos a tomar o proponer decisiones. Generarás un círculo virtuoso, ya que continuarán tomando decisiones mejores y más ágiles.

Nos encontrábamos en el festival internacional de negocios en Liverpool. El equipo de marketing estaba entusiasmado de formar parte del evento. Al final del primer día nos vimos con unos cuantos recién graduados que trabajaban en el departamento de marketing. Tras cierto tiempo charlando sobre el evento, su papel y lo que estaban haciendo en Liverpool, aproveché la oportunidad para preguntarles qué pensaban que deberíamos hacer mejor o diferente en nuestro negocio. Silencio. Se intercambiaban miradas. Probablemente estaban pensando que correrían un riesgo al decirle al CEO su auténtica opinión.

Uno de ellos asumió el riesgo: Luis, pensamos que no hay suficiente libertad de ejecución en los niveles inferiores de la estructura. Siempre estamos esperando que lleguen las decisiones desde arriba. Incluso cuando estamos convencidos de que algo no tiene sentido, no podemos simplemente dejar de hacerlo. Les pedí un ejemplo.

Organizamos cenas mensuales con unos pocos clientes. Pensamos que es una pérdida de tiempo y dinero. Incluso quienes asisten solo lo hacen porque se sienten obligados. Pero seguimos organizándolas, gastando tiempo y dinero. No le vemos el valor ni para nosotros ni para nuestros clientes.

Les pregunté si habían realizado alguna propuesta con su opinión. Dado que no lo habían hecho, les sugerí que lo hicieran. Y cuando lo comenté con el responsable de marketing, brindamos por los graduados y su firmeza.

Unos días después recibí un mensaje del más locuaz de los graduados. Prepararon su propuesta al día siguiente, y en la misma semana el equipo de marketing acordó dejar de celebrar esos eventos. Ella me dijo: «Nos hemos dado cuenta de que el empoderamiento no es solo una cosa de arriba abajo. Gracias por cuestionarnos».

5.12 EL EMPODERAMIENTO VIENE ACOMPAÑADO DE LA RESPONSABILIDAD

El empoderamiento es también un contrato con cada empleado. Con el empoderamiento viene asociada la responsabilidad. Debes aceptar que harán las cosas de forma diferente a como las harías tú, tomarán algunas acciones quizás más despacio por su curva de aprendizaje, o con un nivel de riesgo superior, e incluso puede que cometan algunos errores. Esto es parte de crear una organización más empoderada. Yo no habría aprendido nunca nada si mis jefes siempre me hubieran dicho qué hacer, cómo y cuándo hacerlo.

Una forma sencilla de impulsar a la gente al principio es preguntando ¿qué harías tú? Esto lo puedes preguntar en cualquier decisión. Y esto aplica bien cuando alguien se presenta con un problema, intentado delegar la decisión en ti. La mejor forma es hacerles pensar y que vuelvan con propuestas. Entonces que elijan su opción preferida. Les forzará a contemplar diferentes escenarios y evaluar cuál seleccionarían ellos. Puedes debatirlo y ofrecer tu punto de vista. Si les das tu respuesta en primera instancia, estarás animando el comportamiento erróneo y seguirán viniendo a ti para tomar decisiones. Al mismo tiempo, te sorprenderán con alternativas que tú no habías considerado y que pueden ser mejores soluciones.

Tener los procesos adecuados ayudará a la gente a tomar decisiones y desarrollará el empoderamiento. Aportará claridad en las responsabilidades, y les impulsará a ser proactivos allá donde puedan influir. Ayudará al equipo a mantener el foco y evitar perder tiempo y energía.

Estábamos preparando el presupuesto del año siguiente. Un área crítica es dónde inviertes para mantener o hacer crecer tu negocio, dónde se gasta el capital (*capex*). En una reunión para revisar cómo se asignaba el *capex*, el tema de empoderamiento salió a la palestra.

El director financiero fue claro: «No tenemos un presupuesto ilimitado de *capex*, cada proyecto compite con otros, y deben demostrar el retorno para alcanzar la aprobación. Nosotros, como comité de inversión, tenemos la responsabilidad de establecer las reglas y definir las prioridades y aprobar dónde invertimos».

Alguien dijo que eso desanimaría a la gente, ya que esperaban más poder y capacidad de decisión.

El director financiero continuó: «Tienen toda la capacidad de decidir qué inversiones quieren proponer y presentarlas aquí. Tienen el empoderamiento para construir sus casos de negocio involucrando a todas las unidades que requieran. Y las pueden traer al comité decidiendo cómo defenderlas. Está en sus manos hacer un gran caso, prepararlo bien y demostrar el retorno definiendo una sólida propuesta de ejecución. Una vez conseguida la aprobación, el empoderamiento acarrea la responsabilidad de ejecutarlo y culminar el proyecto. Aquellos que quieran más empoderamiento solo necesitan ser más proactivos, construir casos de inversión mejores y estar preparados para tomar el riesgo de decidir y ejecutar».

5.13 Aplica la gestión de las consecuencias

Dos fuerzas contrapuestas y aparentemente contradictorias deben apoyar el empoderamiento: aplicar la gestión de las consecuencias y al mismo tiempo permitir el fallo como fuente de aprendizaje.

La gestión de consecuencias implica reconocer éxitos y fracasos, y entender las raíces de ambos. Un reconocimiento positivo de un gran resultado refuerza la misma actitud y planteamientos parecidos en otras situaciones. Haciéndolo visible, el resto del equipo estará listo para para tomar riesgos similares. Pero cuando el fallo ocurre, debe haber consecuencias también. Si la decisión o la ejecución acaban en un mal resultado, es importante entender las causas. La gente debe entender que la organización no tolera ciertas situaciones. Si las causas son falta de atención, el comportamiento inadecuado o deliberadamente no seguir la gobernanza correcta, debes actuar.

Hace unos años, descubrimos un equipo que sistemáticamente instalaba los equipos sin realizar correctamente las pruebas finales. Desde luego, tenían todo el empoderamiento para hacerlo bien, podían decidir cuándo y cómo hacerlo, pero no lo hicieron. Cambiamos no solo al equipo de campo, sino también a su responsable porque permitió que ocurriera. No había creado el ambiente de hacer las cosas bien. Aprendí que, a la vez que debes proporcionar la libertad y la flexibilidad, debes estar dispuesto a gestionar las consecuencias de forma justa pero con determinación.

Sin embargo, cometer errores es inevitable, y no todas las decisiones son las correctas. Identificando rápidamente cuáles están equivocadas, por qué y tomando las acciones para resolverlas, toda la organización aprenderá. Es igual que con tus hijos cuando crecen. Es insano controlarlos y tomar todas las decisiones por ellos. Tu papel como padre es apoyarlos, proporcionarles consejo si lo piden y dejarlo pasar para permitir que crezcan.

Estuve tentado en muchas ocasiones de intervenir y decidir, en lugar de permanecer en silencio y dejar que el equipo decidiera y ejecutara lo que consideraban era correcto, incluso si era una pequeña decisión. Recuerdo ser preguntado sobre qué tipo de mueble comprar para una nueva oficina. Desde luego, tenía una opinión, pero si la das, acabarás siendo preguntado por cada pequeño detalle, lo que terminará acaparando tu tiempo y atención y creando una organización improductiva. Por otro lado, cuando me preguntaban sobre algunas estrategias de clientes, siempre decía al equipo que ellos tendrían una mejor perspectiva que yo. Puedes dar tu opinión, pero para tener un equipo más fuerte es importante saber qué hay que dejar ir.

5.14 REFLEXIÓN

Hemos hablado sobre cómo extraer el poder del equipo, seleccionándolo, desarrollándolo y apoyándolo con *coaching*. Es tiempo de reflexionar.

o ¿Cómo eliges a tu equipo?

o ¿Cómo seleccionas a la persona correcta para cada tarea?

o ¿Sabes lo que motiva a cada miembro de tu equipo? ¿Cómo alinear sus ambiciones personales con su contribución al objetivo común?

o ¿Cómo abrazas la diversidad? ¿Cómo te beneficias de la riqueza de la diversidad y de la energía de incorporar nuevo talento?

o ¿Qué ejemplos tienes de empoderamiento y de aprender de los errores? ¿Proporcionas el empoderamiento que siempre has querido tener?

6

DESARROLLA LA OBSESIÓN POR LOS CLIENTES

6. DESARROLLA LA OBSESIÓN POR LOS CLIENTES

Quienes me conocen saben que este es uno de mis capítulos favoritos de este libro. Me encanta trabajar con y para clientes. Cualquier negocio solo existe por una razón: sus clientes. Deben encontrarse en el centro de todo aquello que hagas. He aprendido lo fácil que se olvida en cuanto te absorbe la dinámica corporativa.

Trabajando con clientes aplicarás las tres dimensiones. En ocasiones combinándolas, en otros momentos de forma aislada. Al mismo tiempo debes asegurar que todo el mundo en la organización comprende su impacto en los clientes. Empieza declarando dentro de la compañía ese foco en los clientes y demuéstralo con acciones efectivas que respalden tus palabras.

El *Chief Engagement Officer* debe ser el principal defensor del cliente dentro de la organización. Los clientes sustentan cualquier negocio, ellos deciden si vas o no a seguir en tu puesto. El éxito de tu compañía depende de sus elecciones de compra. Si trabajas en una función pública, los ciudadanos son tus clientes; su voto decide si vas a continuar o no en tu puesto. Cualquier compañía de éxito está obsesionada en servir a sus clientes. Debes hacer que los clientes sean visibles también internamente, liderar dando ejemplo, desarrollar la actitud en el equipo, estar preparado para aprender de los clientes, e inspirarlos y ser inspirado por ellos.

6.1 HAZ QUE LOS CLIENTES SEAN VISIBLES INTERNAMENTE

Los equipos de venta y servicio interactúan regularmente con clientes. Sin embargo, las funciones internas, están más alejadas de ellos y no siempre tienen fácil entender qué les importa. A menudo hablamos de clientes internos, es un concepto que no refleja toda la realidad de la empresa. El cliente es el cliente, la persona o entidad que consume tus productos y servicios. La persona o entidad que paga y sostiene tu negocio.

Cuando me nombraron CEO por primera vez, encontré a un equipo totalmente enfocado a realizar su trabajo con el principio de hacerlo con cero defectos. Tenían un conjunto de procesos bien definidos con el objetivo de no cometer errores, asegurar que cada departamento servía al siguiente en la cadena sin cometer un solo fallo. Como consecuencia se buscaba que el cliente interno estuviera contento, y, por tanto, el nivel de calidad interna era ejemplar. Sin embargo, al hablar con clientes, afirmaban que éramos demasiado lentos y rígidos. Perdíamos negocios porque habíamos olvidado sin querer la perspectiva del cliente. Atacamos el problema simplificando tareas, eliminado revisiones duplicadas, creando procesos paralelos y asegurando que la experiencia de cliente se convirtiera en el foco de las conversaciones en la empresa. Prohibimos la idea de que el cliente de una persona de finanzas era la unidad a que daba apoyo. Empezamos a compartir lo que nuestros clientes nos compraban y la importancia de cada función para que eso ocurriera.

Ese foco externo debe estar en cada acción del CEO. Existe una tendencia natural, especialmente en grandes organizaciones, de mantener una mirada introspectiva. Siempre existe el riesgo de que la compañía piense que es una entidad autocontenida olvidando que cualquier actividad debe incluir la perspectiva del cliente. Un equipo que entiende su papel y su impacto para que el cliente esté satisfecho aumenta sus probabilidades de tener éxito.

Cada mañana acudía a Coco di Mama, mi cafetería preferida cerca de mi oficina en St Paul en Londres. Me había convertido en un cliente fiel por buenas razones: tenían un delicioso café capuchino con leche desnatada, recordaban mi nombre y mi preferencia, y su equipo estaba siempre sonriendo, dispuesto a desearte un buen día. Daniel, el propietario, me contó un día que su planteamiento era sencillo: ellos eran, para mucha gente, el primer contacto del día con una persona. Su propósito era intentar hacer que esa experiencia fuera agradable. Querían que cada cliente saliera de su establecimiento más contento que al entrar gracias al espíritu que habían creado en esa breve interacción. Es un principio básico, pero funciona. No necesitas liderar una gran organización para impulsar la obsesión por los clientes.

Es importante que esa sensibilidad hacia los clientes permee por toda la organización, lo que implica que debe ser palpable en múltiples momentos. Reforzar la coherencia del mensaje es esencial. Para mantener el foco en el cliente en todo lo que la compañía hace, debes hacerlo explícito cada día.

Como en toda organización, solíamos reunir distintos equipos ya fuera para eventos, cursos de formación, etc. Un día acudí a una sesión de formación sobre colaboración, para proporcionar la perspectiva del jefe. Compartí mi visión como máximo responsable de la organización. Al concluir, pregunté: ¿quién pensáis que paga este evento.? Recibí la típica respuesta de peloteo: tú, Luis. Sonreí. Claramente no. Recursos Humanos, susurró otra voz. Negué con la cabeza. Finalmente, una tímida voz aseveró: nuestros clientes. Asentí. Nuestros clientes pagan todo lo que hacemos. Nos dan dinero a cambio de nuestros productos y servicios, lo cual debemos tener presente cuando lo gastemos o invirtamos. Es necesario operar con la confianza de que si el cliente viera a través de un agujero lo que hacemos con su dinero, aun así, seguiría pagando por nuestros servicios.

Para dirigir la obsesión por los clientes de forma consistente, debes recordar al equipo consistentemente qué es servir a tus clientes. He aprendido que la mejor manera de hacerlo es compartiendo historias de lo que la empresa hace para ellos.

Decidimos que la forma más sencilla de mostrar lo que hacíamos para nuestros clientes era crear un boletín diario denominado *El contrato del día*: un mensaje simple, fácil de leer, cubriendo lo que el cliente nos había comprado, y por qué fuimos capaces de ganarlo. Este sencillo gesto se convirtió en una oportunidad de aprender para toda la organización. Cada mensaje debía educar e inspirar a la gente sobre lo que hacíamos para nuestros clientes, reconociendo nuestros éxitos en diferentes sectores y regiones. Cuando lo iniciamos, no era consciente del compromiso que representaba. Pero lo mantuvimos durante 10 años sin interrupción, publicando más de 2.500 operaciones, y fue un indudable éxito. Debo decir que estoy muy orgulloso de los distintos equipos que lo hicieron posible. Y disfrutaba especialmente cuando cada día a primera hora todo el mundo tenía la oportunidad de leer *El contrato del día*.

No hay nada como reunirse en persona con un cliente. Acostumbramos a invitar a clientes a nuestros eventos internos, tanto presencialmente como con vídeos pregrabados. El cara a cara siempre proporciona un mensaje más efectivo. Muestra un elevado compromiso y conexión del cliente si está listo para invertir parte de su tiempo con tu equipo. Agradeciendo lo que hacen bien, y compartiendo lo que deberíamos hacer mejor.

Incluso en los meses de la reclusión forzada por el coronavirus, mantuvimos esas sesiones a través de diferentes sistemas de videoconferencia. Nos permitieron compartir los retos a los que se enfrentaban y continuar abriendo nuevas oportunidades de ayudarlos.

Durante un evento, pedí a tres de nuestros clientes que nos acompañaran en el escenario para compartir sus perspectivas sobre nosotros. Nationwide, DHL y British American Tobacco se sentaron en el panel frente a nuestro equipo de directivos. Aprendimos sobre sus negocios y sus retos: un banco reinventándose y haciendo de la tecnología un diferenciador; un operador logístico transformándose para enfrentarse a los retos de un mundo más digital y una tabaquera creando un nuevo negocio basado en cigarrillos electrónicos. Les preguntamos sobre cómo usaban nuestros servicios para apoyar sus operaciones, y nos ayudó a entender cómo la tecnología y la conectividad eran críticas para ellos. Para quienes estaban menos familiarizados con nuestro papel actuando casi como una extensión de su negocio, fue un momento de aprendizaje. Culminamos la conversación con ellos diciéndonos lo que hacíamos bien y lo que podríamos hacer mejor. Por supuesto, siempre puedes recurrir a leer un estudio o una encuesta de clientes, pero nada es comparable con tener a la persona, el cliente, frente a nosotros compartiendo sus ideas e inspirándonos para ser un mejor equipo. Decidí que siempre tendríamos una sección de clientes en nuestros eventos.

6.2 LIDERA CON TU EJEMPLO

Liderar con el ejemplo significa invertir tiempo de calidad con tus clientes, pero al mismo tiempo demostrar que esa obsesión por los clientes no es decir siempre que sí a sus peticiones.

Como líder del equipo, demostrarás la importancia de los clientes por la proporción y calidad del tiempo que les dedicas. Tener reuniones con ellos dentro de tu planificación es un claro ejemplo visible para todos. Por ejemplo, al viajar, aseguraba que reservaba la mayor parte del tiempo para estar con clientes. Ya fuera una reunión individual o una sesión con un grupo, siempre ocupaban la mayor parte de mi agenda. De hecho, era una de las principales razones para viajar, aunque cuando me desplazaba siempre combinaba clientes, con reuniones con el equipo y con terceros como analistas, la prensa u organizaciones benéficas. Dependiendo de tu tipo de negocio, el equivalente pueden ser gestores de canales o pequeños grupos de consumidores. Encontrarte con quien sea que represente la voz del cliente debe ser una prioridad en tu agenda.

Visitar a clientes en sus oficinas permite entender el entorno en el que operan, el núcleo de su negocio y cómo embeben la tecnología en sus operaciones. Recuerdo mi primera visita a la fábrica de Fiat en Belo Horizonte en Brasil. Su principal oficina está en lo alto de una colina y la fábrica en el otro extremo de la ciudad. Eran uno de los mayores fabricantes de automóviles del país. Sus ingenieros se conectaban regularmente con sus colegas de Turín en Italia para debatir cuestiones de fabricación o nuevos elementos que considerar. Esa conexión era esencial. Me reuní con nuestro equipo allí, orgullosos de trabajar para Fiat. Se sentían como parte de la cadena de valor del cliente. Gracias a la visita pude apreciar la importancia de nuestro papel en asegurar que la fábrica funcionara cada día. Me sentí orgulloso.

Si las planificas bien, estas visitas regionales pueden ayudarte a reforzar las relaciones con los departamentos centrales de los clientes multinacionales. Simplemente realizando una llamada o dejando un mensaje a tu contraparte dentro de la organización de los clientes, explicando que visitas una nueva ciudad, y planeas reunirte con el equipo local. Y, aún más importante, preguntar si hay mensajes que les gustaría pasar al equipo, para ayudar a su estrategia global. Para los clientes locales, es bueno encontrarse con los proveedores globales, ya que les da la confianza de que existe un verdadero *partnership*. Y tú estarás apoyando la colaboración entre unidades, equilibrando esa relación global-local.

La calidad de tus reuniones se refleja en los resultados que consigas. Vete siempre bien preparado a ellas. Define para qué son, ya sea una puesta al día para ver cómo van las cosas, o una negociación difícil. Tu visibilidad es importante. Tu involucración decisiva.

6.3 Vuélcate plenamente

Con esto me refiero a que debes asegurar que estas al 100 % con tus clientes cuando quedes con ellos. También debes aprovechar que esas reuniones ayuden a tu equipo frente al cliente. En múltiples ocasiones, me refería a los gestores de cuenta como «nuestros jefes». Puede sonar inusual, pero reforzará a tu equipo y demostrará al cliente su liderazgo en la interlocución. En caso contrario, los clientes solo querrán hablar con el director regional o contigo, escalando al CEO con más frecuencia y, seguramente, sin necesidad. Los mejores comerciales y los responsables de servicio serán capaces de usarte como un recurso clave al tratar con su cuenta.

Un día, recibí una llamada de nuestro equipo en Alemania. Se encontraban en las negociaciones finales con una compañía química líder mundial. Había sido un largo proceso de discusiones. En algunos momentos, cuando parecía que algo se había acordado, se producían pequeños cambios que ponían toda la operación en riesgo. El equipo se hallaba en los pasos finales, solo con unos pocos puntos críticos pendientes para cerrar el acuerdo. Acordamos que merecía la pena que yo asistiera a la reunión de cierre. Mi presencia mostraría al cliente su importancia para nosotros, y, al mismo tiempo, evitaría retrasos adicionales en la negociación. Empezamos la reunión pronto por la mañana, debatiendo en detalle varias de las cláusulas. Al principio de la tarde, casi todo estaba listo, y solo faltaban dos horas para mi vuelo de vuelta a casa. Pero ambos equipos acordaron revisar el texto una vez más. Yo dije que no me iría hasta finalizar el texto, allí mismo, para evitar posteriores errores de interpretación. La tensión se podía palpar. No es que no confiara en el equipo, más bien lo contrario. Con todos en la misma sala, sería más difícil para el cliente, o nuestro equipo, bloquearse, reabrir peticiones anteriores o intentar hacer nuevas interpretaciones de cualquier punto. Invertimos la siguiente hora escribiendo la versión final. Incluso llegué a tiempo a mi vuelo. Aprendí que, en ocasiones, tu presencia puede ayudar al equipo no solo para demostrar al cliente su importancia, sino también para apoyar su posición en la negociación.

Las relaciones de confianza que construyes con clientes son a largo plazo. Recientemente, tuve una inspiradora conversación con un cliente que me recordó que tuvimos una reunión en Singapur doce años antes en la que compartimos los retos a los que nos enfrentábamos como CIO. Me explicó agradecido cuánto le había ayudado aquella charla al empezar en su nuevo puesto. Poder ayudar a un cliente sin venderle nada no tiene precio.

Cuando estás en un entorno cuyos clientes son empresas, tu compromiso personal es altamente visible por sus ejecutivos. Tener acceso directo al máximo responsable de la organización, al CEO, genera confianza en los clientes. Muestra su interés, estará pendiente del servicio, y estará listo para apoyarlos incluso frente a sus propios jefes. Lo puedes hacer con pequeños gestos, como incluir tu número móvil personal en tu tarjeta de visita. Lo he hecho en todos mis años como directivo y como CEO, y no he recibido una sola llamada que no tuviera sentido. Y los clientes sabían que podían contactarme si lo necesitaban.

Hay muchas formas de dar ejemplo sobre la obsesión por los clientes.

Estábamos visitando nuestra operación en Bruselas. Por la tarde, nos reunimos con clientes en un evento organizado en la embajada británica. Compartimos nuestra experiencia sobre los Juegos Olímpicos de 2012, donde éramos el socio de las telecomunicaciones, y sobre la evolución de nuestras soluciones. Para mí, los mejores momentos son las conversaciones individuales con clientes. Había un buen número de ellos, y era una gran oportunidad de disfrutar de tiempo de calidad con cada uno.

Hablé con representantes de la Unión Europea y la OTAN, así como de otras empresas como Euroclear o Ideal Standard. Escuchamos sus preocupaciones, y explicamos nuestras perspectivas sobre la industria y cómo buscábamos apoyar sus negocios manteniendo un alto nivel de innovación en nuestras soluciones.

Al final del evento, el organizador, que estaba coordinando el transporte de vuelta a nuestro hotel, me preguntó: «Luis, ¿cuándo te irás?». «Cuando el último cliente se haya ido», contesté.

Quizás te preguntes por qué dije eso. Yo, desde luego, estaba cansado tras una larga jornada, pero considero que el tiempo es el segundo activo más valioso que tenemos tras nuestra salud. Si personas con agenda repletas estaban dispuestos a invertir tiempo con nosotros, nosotros debíamos reconocerlo, y como mínimo estar allí mientras ellos lo hacían. Hacer otra cosa sería como organizar una estupenda cena en tu casa y tras tomar el postre decir a tus huéspedes: «Me voy a la cama, que paséis bien el resto de la velada».

6.4 APRENDE A DECIR NO

Estar disponible para los clientes, estar involucrado personalmente en conversaciones y disfrutar trabajando con ellos no lo es todo. Un cliente quiere tener una relación honesta a cambio de su confianza. Tu ambición es convertirte en un verdadero consejero de confianza. En las relaciones con clientes, existe el riesgo de no compartir abiertamente lo que piensas. Puedes llegar a ser esclavo de la conexión con ellos.

Una de las conversaciones más difíciles pero necesarias se produce cuando discrepas con tu cliente. Alguien me dijo una vez: «Si nuestros clientes van a luna, nosotros iremos a la luna». Esta era la forma de reflejar que su negocio aspiraba a estar centrado en sus clientes. Sin embargo, ello no significa que debas hacer cualquier cosa que tus clientes te pidan.

Esto puede resultar contradictorio para algunos, pero personalmente es un diferenciador de liderazgo. Debes estar dispuesto a decir la verdad, aun a riesgo de perder negocio. Proporcionar una vista honesta provocará el debate con el cliente. Ese es también el significado de la palabra *socio*. Cualquier gran empresa de servicios debe tener en su ADN la determinación de plantear a sus clientes su propia visión.

Y los clientes prefieren eso aunque no lo expresen explícitamente. Ellos confían en ti y esperan que seas honesto con ellos.

Escuchar a los clientes es una necesidad cuando intentas que tu negocio mejore. En ocasiones, intentamos demasiado complacer a nuestros clientes, pensando qué es lo que desean. Pero a la mayoría de los clientes les gusta ser cuestionados cuando solicitan una solución o servicio concreto. Ven a nuestra organización como el experto. Quieren consejo, no simplemente aceptación de sus ideas.

Nos enfrentamos a un verdadero reto cuando un importante fabricante industrial europeo lanzó un concurso para una transformación significativa de su infraestructura. Revisamos con detalle lo que querían hacer. Consideramos que era una solución muy cara, y muy difícil de poner en marcha. En nuestra opinión, no iba a resolver sus problemas. Por ello, tratamos de explicar por qué creíamos que no era la elección correcta. No aceptaron nuestros comentarios, por lo que decidimos enviar una carta declinando nuestra participación. Fue una decisión muy dura. Era imposible proporcionarles lo que querían a un coste razonable.

Por supuesto, el equipo se sintió frustrado, ya que habían trabajado intensamente para penetrar en esa cuenta. Les dije: «Los clientes son altamente exigentes. Quieren que rindamos al máximo para cumplir con sus expectativas. Los atletas que compiten con los mejores se enfrentan a situaciones en las que ganan y otras en las que pierden. Una de las lecciones más complejas en deporte de élite es cómo gestionar la derrota».

Tuve una llamada con el CIO y el director de compras, y me dijeron oficialmente que estábamos fuera del proceso como consecuencia de nuestra carta. No fue fácil de digerir. Cuanto más cerca y más has trabajado en un proyecto, más difícil es aceptar perderlo.

Sin embargo, estos son grandes momentos para entender quién eres como equipo y como compañía. Primero entendimos la importancia de la resiliencia, especialmente cuando te enfrentas a la derrota. Los clientes valoran que no tires la toalla fácilmente. Segundo, sentimos el orgullo de ser parte del equipo. Demostraron lo que es un equipo: luchar por el mismo objetivo, construyendo sobre las capacidades de los demás, trabajar largas jornadas juntos apoyándonos unos a otros. La oferta que presentamos no era solo un conjunto de archivos. Era nuestra fe conjunta en nuestras capacidades, nuestra pasión para servir a nuestro cliente y nuestra ambición para ganar y liderar el mercado.

Curiosamente, unos seis meses después recibimos una llamada del cliente. Cuando revisaron las ofertas de nuestros competidores, se dieron cuenta de que teníamos razón. Nadie pudo proporcionar lo que pedían, y los que se acercaron lo hacían a un coste astronómico.

Cogí un vuelo para acordar un diseño más adecuado con el equipo y el cliente. Trabajamos duro para presentar una oferta actualizada y, al final del proceso, fuimos capaces de ganar una parte significativa de su infraestructura.

Personalmente, aprendí mucho en esos meses, trabajando para ganarnos la confianza del cliente. Aprendí sobre la calidad del equipo y cómo el trabajo conjunto de los equipos de ventas, técnicos, comerciales y legal pueden crear ofertas imbatibles. También aprendí sobre la importancia de estar cerca de los clientes, escuchar sus necesidades y operar más allá de sus expectativas. Pero, aún más importante, sobre el valor de ser honesto, incluso corriendo el riesgo de perder negocio.

6.5 DESARROLLA EL ARTE DE TRABAJAR CON CLIENTES

A los clientes les gusta comprar de compañías ganadoras. A mí me gusta comprar de marcas prósperas y excitantes. Y he sido testigo de eso mismo en el mundo corporativo. El equipo que se sitúa frente a un cliente debe sentirse y actuar como un equipo ganador. Deben estar orgullosos de la empresa para la que trabajan, de sus productos y soluciones. Deben sonreír porque se sienten satisfechos de formar parte de una organización de éxito. Las unidades de servicios deben sentir ese mismo orgullo, independientemente de cómo de grande sea el problema al que se enfrentan. Tú debes crear ese espíritu y actitud porque será plenamente visible a tus clientes. Ese orgullo de pertenencia debe estar basado en lo que aportas a tus clientes y a la sociedad.

6.6 COLABORA PARA ATENDER A CLIENTES GLOBALES

Cuando trabajas en una empresa global, te refieres a estos clientes como cuentas globales. Ello significa que son atendidos globalmente como un único cliente, a pesar del número de subsidiarias o divisiones regionales que tengan. Gestionar una cuenta global es una práctica crítica para cualquier jugador global, pero es también realmente compleja.

Primero, debes identificar dónde se toman las decisiones y dónde se gestionan los presupuestos. Algunos gastos puede que se decidan regionalmente, pero otros lo harán de forma centralizada. Intentar vender una solución a una unidad ubicada en un país puede convertirse en un gran error y afectar a la relación integral con el cliente. En una ocasión estábamos tratando de incrementar nuevos servicios vendidos a una empresa farmacéutica global. En este caso, disponían de un presupuesto centralizado para su infraestructura de telecomunicaciones. Sin embargo, el comité que tomaba las decisiones contaba con representantes de múltiples regiones. Por ello, era importante construir relaciones con los equipos locales, mejorar su confianza en nosotros incluso aunque no fueran a tomar la última decisión en el proceso.

A continuación, debes entender las estrategias globales que está implementando el cliente. En este ejemplo, el *Global* CIO estaba poniendo en marcha una plataforma logística global. Necesitaba que todas las unidades en todo el globo la adoptaran. En consecuencia, quería que todos sus proveedores reforzaran su mensaje y que evitaran ofrecer soluciones alternativas en países individuales.

Debes equilibrar la presencia global y la local. Una sólida relación centralizada es necesaria. Sin embargo, conectando con los equipos locales puedes impactar la estrategia global y, al mismo tiempo, tener acceso a oportunidades adicionales de negocio locales. En este ejemplo, tenían un presupuesto local destinado a implantar una nueva solución de telefonía, para lo que era necesario tener presencia en el país. Ganamos porque teníamos esa capacidad.

Dirige a tu equipo con disciplina y establece incentivos que fomenten la colaboración. Objetivos comerciales contrapuestos pueden dar pie a comportamientos erróneos e incluso impactar al cliente. Al principio, no invertimos suficiente tiempo en esto, y por ello nuestros equipos no estaban suficientemente alineados.

Finalmente, debes estar seguro de que sigues la evolución de tus clientes. Una compañía global suele cambiar su estructura con el tiempo, y por ello has de ser flexible para ajustarte a ella. Debes disponer de un mapa de responsabilidades y un organigrama de tus clientes. En algunas ocasiones, cometimos el error de tratar de imponer nuestros modelos de gestión sin escuchar adecuadamente a nuestros clientes. Por ejemplo, un cliente decidió delegar algunas decisiones presupuestarias a sus unidades regionales, y por ello preferían tener contactos locales. En aquella época teníamos un equipo centralizado, así que tuvimos que reorganizarnos para cubrir su nueva forma de trabajar.

6.7 Escuchar a los clientes es tu mejor herramienta de venta

Hemos mencionado que el *Chief Engagement Officer* debe escuchar internamente al equipo. Esto aplica igualmente a clientes. Esa capacidad de escuchar puede convertirse en tu mejor herramienta para vender más, y vender mejor. Haciendo que esto sea parte integral del ADN de tu organización, encontrarás más oportunidades de negocio y serás capaz de responder más rápido y con más precisión a las necesidades de tus clientes. Vivimos rodeados de información que nos indica quién puede ser un cliente potencial. Solo necesitamos procesarla. Ser curioso y preguntar continuamente a tus clientes te hará más sabio sobre su negocio y sus retos.

En una de nuestras conferencias de ventas, en La Haya, presidí un panel de directores comerciales de distintos países europeos. Uno de ellos gestionaba vendedores que tenían dificultades en encontrar nuevas operaciones. Les dijo: «Podéis leer el periódico simplemente como una lista de noticias o lo podéis ver como un compendio de oportunidades de negocio. Una fusión o una adquisición, un plan de restructuración o una organización expandiéndose a un nuevo mercado representa un momento único de oportunidad para disparar una interacción con el cliente. Aseguraos de que seguís a los principales directivos en redes sociales, así como a gente clave en sus organizaciones. Os permitirá tener una interacción fresca y conocer lo que realmente les importa».

Todo va de entender lo que puedes hacer para contribuir a la vida o el negocio de tu cliente. Me gusta el concepto de la travesía del cliente como el ciclo de vida de la relación entre el cliente y tu organización. El mercado de empresas tiene una forma diferente de explorar esas travesías, ya que existen diferentes formas de interactuar en el proceso. Una vez escuché a un gran vendedor hablar de su trabajo: «No tengo objetivos, tengo sueños; no tengo clientes, tengo relaciones». Esas relaciones se construyen a lo largo de toda tu vida laboral, durante muchos años y múltiples interacciones. Debes estar abierto a esas oportunidades.

Me gusta especialmente la historia de esos dos vendedores de zapatos que viajan a un país remoto en busca de nuevas oportunidades. Al llegar, se dan cuenta que nadie usa zapatos. Uno de ellos, llama a su oficina central y dice: «Me vuelvo a casa. No hay esperanza aquí. Nadie va calzado, o sea, que no hay a quien venderle zapatos». El segundo llama a su sede central: «No creeréis lo que he encontrado aquí. Hay una oportunidad increíble. Nadie usa zapatos. Podemos venderle a todo el país».

6.8 CREA OPORTUNIDADES DE NEGOCIO

La actitud lo es todo. Y esa la puedes crear a tu alrededor. Cuando lees un artículo relevante sobre un cliente, envíale el enlace al equipo de ventas. Si descubres un tuit o un artículo de un CEO compartiendo sus nuevas ambiciones o proyectos, trabaja sobre cómo puedes ayudarle. Liderar dado ejemplo es la forma más sencilla de generar un cambio cultural. Llama a los clientes, envíales un correo electrónico, y felicítalos u ofrece ayuda. Ya sea por un grave incidente de ciberseguridad o por una nueva adquisición, ser consciente y reaccionar es la mejor forma de ganar su confianza mostrando que realmente te preocupas.

Experimenté esto cuando estaba como CEO de una de nuestras operaciones, y adquirimos una compañía especializada en servicios en la nube. Se publicó en las noticias y conseguimos un buen reconocimiento por cómo complementaba nuestras capacidades. El mismo día que salió en las noticias, recibí un *email* de una empresa de consultoría: «Luis, enhorabuena por la compra. Dinos si podemos ayudaros de alguna forma». Al día siguiente, recibí una llamada de uno de sus competidores: «Luis, enhorabuena, hemos visto las noticias. Como sabes, estamos aquí para apoyaros. Conocemos bien el sector y pensamos que hay buenas oportunidades de crecimiento y de conseguir eficiencias. Si hay algo en lo que ayudaros, dejádnoslo saber».

Recibí un *email* algo más largo a los pocos días de una tercera compañía: «Luis, hemos visto la adquisición y pensamos que es francamente buena. Nos hemos registrado como clientes en ambas compañías y hemos realizado una comparativa. Hemos explorado también vuestros clientes y los suyos, y hemos construido una lista de potenciales oportunidades de venta cruzada. Y, basado en lo que conocemos, hemos elaborado un plan de sinergias. Nos encantaría sentarnos contigo y con tu equipo y revisar juntos las tres áreas si te parece bien». Puedes imaginar, como cliente, cómo percibimos las tres reacciones y adivinar con qué empresa acabamos trabajando. Aprendí tres actitudes que tener en cuenta y su impacto en el cliente.

Primero, interés en el negocio de tu cliente. Vas mas allá de las noticias. Exploras la oportunidad, eres curioso y haces lo que dices. Utilizas tu conocimiento del mercado.

Segundo, hambre. Muestra tu ambición de trabajar conjuntamente siendo proactivo, haciendo en vez de esperar a que te digan. Estas dispuesto a correr el riesgo de proponer. Incluso te conviertes en un cliente para aprender. Haces lo inesperado.

Tercero, la acción. Creas un plan y creas una oportunidad. Estás en el asiento del conductor. Generas confianza de que estás dispuesto a liderar si es necesario.

Hacer lo que hicieron es todo actitud. Ganas, apetito y ambición: esto es lo que marca la diferencia en cualquier negocio. Ir un poco más allá por el cliente, puede que no cueste mucho, pero significa mucho.

6.9 Presta atención a las pequeñas cosas que realmente cuentan

Puedes complementar esa actitud con gestos pequeños pero muy importantes. Las pequeñas cosas cuentan en la vida. En lo que respecta a la experiencia de clientes, son tan relevantes como las grandes operaciones. Tus clientes reconocen cuando te preocupas, y lo puedes demostrar con pequeños signos.

Fui a Clermont Ferrand para revisar el despliegue de un contrato con Michelin. Quedé impresionado por la forma en que el equipo estaba trabajando con el responsable de telecomunicaciones del cliente. El cliente explicó cómo cosas triviales complementaban una bien gestionada migración de servicios. Resaltó acciones como llamar a directores locales para anticiparles una fecha de cambio, llamarlos después solo para decir gracias, o mantenerlos actualizados sobre nuevos desarrollos tecnológicos que los beneficiaban. Estaban encantados de que cuando nuestro equipo encontraba, incluso pequeñas oportunidades de ahorro, se las comunicaban al cliente y las implantaban rápidamente.

Me inspiró escuchar cómo puedes producir un gran impacto con pequeñas acciones al mismo tiempo que implementas grandes proyectos de transformación.

6.10 Aprende de tus clientes

El siguiente paso en crear esta obsesión por los clientes es aprender. Una vez que has escuchado, utiliza lo que has oído para construir patrones que mejoren tu organización. Es cultivar el conocimiento corporativo basado en tu experiencia. Tú deberías entender por qué ganas y por qué pierdes, deberías preguntar consistentemente qué puedes hacer mejor, y medir la calidad del servicio para comprender cómo puedes hacer de ella un diferenciador.

6.11 PREGUNTA QUÉ PUEDES HACER MEJOR

Encontrarse con clientes es siempre una oportunidad, ya sea una visita de cortesía, un problema relevante de servicio o una discusión de negocio. En cada una de las oportunidades, yo siempre planteaba la misma pregunta: ¿qué podemos hacer mejor? Preguntas negativas como qué hacemos mal o qué es lo que no te gusta de nosotros sitúan al cliente en una difícil posición para darte una respuesta sincera. Ellos prefieren estar en un territorio positivo con comentarios constructivos, y sus reflexiones serán bienvenidas.

Cuando me reuní con el CIO de una compañía farmacéutica, debatíamos los servicios que estábamos poniendo en marcha para ellos. Era una solución compleja que estaba tomando más tiempo que lo esperado. Conocía los retos a los que nos enfrentábamos. Aun así, decidí preguntar: ¿qué podemos hacer mejor? Su respuesta me chocó: «Deberíais habernos cuestionado más. Creo que algunos de nuestros problemas se deben a que no fuisteis suficientemente duros durante la fase de diseño, y simplemente aceptasteis nuestro planteamiento. Esperamos que seáis nuestro asesor. Podéis ser mejores en eso».

Esta pregunta es una de las mejores formas de obtener *feedback* de un cliente. Convierte una conversación en una discusión progresiva en búsqueda de mayores mejoras, en vez de enfocarse en los problemas. Puede parecer que hay poca diferencia entre las frases «Tu facturación no está bien» y «debes mejorar tu facturación». La segunda expresión sitúa tu organización en modo de acción, en vez de admirar el problema.

Estas conversaciones individuales son muy útiles, y tu lado *engagement* debe animarte a tener tantas como te sea posible. Sin embargo, para capturar la opinión de una población más amplia de clientes, también puedes complementarlas activando un proceso sistemático. Los sistemas Net Promoter Score (NPS) se utilizan cada vez más en el mercado. Es la herramienta de gestión para medir la lealtad de los clientes, complementaria a otras métricas de satisfacción de clientes. Es una manera sencilla y potente de alinear la organización. Pregunta al cliente en una escala de 1 a 10 cómo de probable es que recomiende tu empresa. Aquellos que la evalúan 9 y 10 se consideran promotores; 7 y 8 neutrales y de 6 hacia abajo, detractores.

Cuando estábamos planificando implementar NPS, yo era un poco escéptico de que con una sola medida se pudiera conseguir un mayor foco en el cliente. Empezamos definiendo la lista de clientes que entrevistar, contando el número de mensajes enviados y contestados, y por supuesto analizando los resultados producidos. Establecimos una reunión semanal con los equipos directivos de ventas y servicio para revisar lo aprendido. Analizamos las cifras globales y las específicas de cada cliente. En menos de 6 meses, NPS se convirtió en un lenguaje común, una forma colectiva de entender cómo de bien lo hacíamos para nuestros clientes. Y la puntuación mejoró más de 11 puntos en el primer año, con una mejora incluso superior en los clientes donde habíamos repetido la encuesta. El servicio debe ser la principal prioridad en cualquier organización. Sin embargo, resultaba difícil medir el nivel real de satisfacción de nuestros clientes con el servicio que proporcionábamos. NPS nos ayudó. Aprendí, una vez más, el poder de la consistencia para conseguir resultados sostenibles en el tiempo.

6.12 Pon el servicio en el corazón de tu equipo

Crear una cultura de servicio requiere algo más que una comprensión intelectual de lo que significa para los clientes. Hay un elemento emocional también. La razón por la que la gente va más allá de su labor diaria es un íntimo sentido de responsabilidad. Refleja que se preocupan por los clientes, y cómo sus actividades podrían ser impactadas por un fallo o un retraso. Incluso en entornos corporativos tratas con personas. Te reúnes y trabajas con profesionales que tratan de hacerlo lo mejor posible, y que dirigen negocios con un alto impacto social. Ya sea una empresa de bienes de consumo, un operador logístico o un banco, lo que hacen debe importarle a tu equipo, y ahí es donde se genera ese compromiso personal.

Recuerdo una discusión con nuestro director de Servicio al Cliente, unas pocas semanas después de incorporarse a su trabajo. Le pregunté cómo iban las cosas. Me dio una completa perspectiva de cómo progresaba la transformación que estaban poniendo en marcha. Sus principales áreas de foco de mejora estaban centradas en la entrega de proyectos complejos, la gestión de recursos y la eficiencia en los procesos.

Pero también me dijo que lo que había encontrado más inesperado era descubrir cómo de críticos éramos para nuestros clientes. «El nivel de dependencia en nuestros servicios y operaciones es muy alto, y por tanto nuestra responsabilidad aumenta, como una extensión de su negocio. Me produce una sensación de orgullo que hace que nuestra labor sea tan especial. Pero cuando les fallamos, duele de verdad». Y apuntó a su estómago cuando lo afirmaba, realmente lo sentía.

Estoy seguro de que la mayoría comparte, como yo, el mismo sentimiento cuando fallamos a nuestros clientes. Es la pasión de servirlos la que también hace que el equipo haga cosas alucinantes para ellos. En cualquier organización de servicios, esto es lo que esperas de tu equipo. Todo consiste en preocuparse, entender y sentir el servicio más allá de las cifras de los acuerdos de nivel de servicio.

6.13 Aprende por qué ganas y por qué pierdes

Aprender cómo mejorar el servicio debe convertirse en una tarea continua a lo largo de toda la organización. Y debes tomar una aproximación similar en las actividades relacionadas con ventas. En este caso, debes entender por qué ganas y por qué pierdes.

Puede que reconozcas el éxito por el valor de los contratos firmados, o si estas en un mercado corporativo de negocios, las nuevas marcas que ganas como clientes. Usualmente preguntas a tus equipos comerciales sobre cómo lo consiguieron y las lecciones aprendidas. De la misma forma debes analizar por qué pierdes. Curiosamente, la mayoría de las organizaciones indican que ganan gracias a las relaciones con el cliente y que pierden por falta de competitividad en el precio ofrecido. Como alguien de ventas, encuentro que es la respuesta que los comerciales mediocres darían. Faltaría un conocimiento de mayor detalle con las razones reales sobre lo ocurrido.

Comprender las razones por las que se gana o se pierde, para mí, es la esencia para convertirse en un líder del mercado. Cuanto más granular sea el análisis que puedas hacer, mejor conocimiento obtendrás, y por tanto serás capaz de hacer mejores ofertas, optimizar los recursos usados y ganar más oportunidades.

6.14 Prepárate para ganar

Ganar significa haber firmado un contrato con el adecuado nivel de retorno, y un buen entendimiento de los compromisos y de los riesgos asociados a lo acordado. Estos tres elementos —rentabilidad, servicio y riesgo— son básicos de cara a generar las mejores prácticas en tu compañía. Tuve la experiencia de estar en el lado comprador como director de compras cuando lideraba la función de IT en un gran banco. Cuando compras, nunca llegas a saber hasta dónde podías haber bajado el precio de tu proveedor. No conoces el margen con que operan. Pero puedes comparar con otros suministradores para estar seguro de que compras a un nivel justo. Cuando vendes, puedes y debes conocer tus márgenes. Esta una métrica clave para tus comerciales. Deben ser los dueños, ser compensados por ello y hacerlo parte de su estrategia en las negociaciones y acuerdos. A mí me fue útil realizar el mismo conjunto de preguntas a nuestro equipo de ventas: tenemos una idea del precio ganador, entendemos las expectativas de los clientes o cuánto están dispuestos a gastar. ¿Tenemos una visión de su actual nivel de costes y los ahorros que les podemos generar?

Si entiendes la dinámica de lo que está buscando el cliente, puedes emplearlo como la base de tu propuesta. Los requerimientos son un componente clave ya que determinan tus costes. Puede sonar como una afirmación obvia, e incluso estúpida, pero es muy importante. He visto ocasiones en que hemos incluido elementos en una propuesta que no eran realmente lo que el cliente deseaba y que, en realidad, aumentaban nuestros costes deteriorando nuestro margen innecesariamente. En otros casos, cuando hablas con un cliente sobre lo que es o no es estándar, los clientes están dispuestos a llegar a un acuerdo.

En resumen, el elemento clave para ganar es la ambición para hacerlo. Significa entender lo que el cliente está buscando, invertir el tiempo y el esfuerzo en crear la solución con la calidad necesaria y la habilidad requerida para implementarlo, estando seguro de ganar dinero usando el nivel adecuado de recursos. Los mejores contratos que he firmado incorporaban esos tres componentes al inicio del proceso.

6.15 SABER POR QUÉ PIERDES

Ganar es estupendo, pero también nos enfrentamos a la derrota. Me tomó cierto tiempo darme cuenta, pero se aprende tanto o más de las derrotas que cuando se gana. Encontré frustrante revisar las operaciones perdidas. Puede resultar fácil decir que no estábamos bien preparados o no conocíamos al cliente suficientemente. Esos pueden ser indicadores, sin embargo, no suelen ser las razones fundamentales por las que se pierde. No tengas una discusión ligera si quieres aprender. Haz una revisión profunda, pregunta los 5 porqués hasta entenderlo.

Hay tres grupos básicos de razones:

- No has capturado lo que el cliente quería de forma suficiente. Por tanto, ¿qué vas a hacer para mejorar este conocimiento en futuras oportunidades?
- Tus productos o soluciones no encajan con el propósito en términos de las funcionalidades requeridas. ¿Deben esas características formar parte de la evolución/desarrollo de tu porfolio? Si no, ¿por qué no?
- Tu oferta era demasiado cara. ¿Hicimos un diseño demasiado complejo? ¿Nuestros coste no son suficientemente competitivos?

Hace unos años, estábamos preparando una oferta para un fabricante europeo de neumáticos. No teníamos una relación de confianza suficientemente establecida, pero sus requerimientos encajaban a la perfección con nuestras capacidades. Así que presentamos la oferta. Pero, tras unas cuantas iteraciones, perdimos. Solicitamos una reunión para entender por qué, y ello nos ayudó a entender mejor las prioridades del cliente, los elementos de nuestra solución que eran demasiado complicados y algunos problemas con el precio. El cliente continuó las negociaciones con el proveedor elegido. Pero aun así nosotros le dijimos que, dado nuestro mejor conocimiento, refinaríamos nuestra oferta y se la enviaríamos para el posible caso de que nos necesitaran. Fueron tiempo y dinero bien invertidos, ya que aprendimos mucho en el proceso. Nuestro director de país les explicó que estábamos allí para crear relaciones a largo plazo y no solo para cerrar un contrato. Por tanto, queríamos aprender y mantener el contacto.

Unas pocas semanas más tarde, nos llamaron. No estaban contentos con las conversaciones y cómo estaban progresando, y querían hablar con nosotros. Esta vez, íbamos mejor preparados, y un mes más tarde firmamos el contrato con ellos. Aprendiendo por qué pierdes, te preparas para ganar si no te rindes.

6.16 INSPIRAR Y SER INSPIRADO POR CLIENTES

Los niveles más altos de *engagement* en una organización obsesionada por los clientes se alcanzan inspirando y dejándose inspirar. Para llegar a este nivel, debes asegurar que lo básico funciona: un excelente servicio, precios adecuados y una sólida relación. Para construir esta fuerte conexión con tus clientes debes crear momentos de inspiración que los enganchen, entender los planes de innovación en los negocios de tus clientes e impulsar una innovación similar en tus soluciones.

En un entorno de relaciones entre empresas, la confianza es un elemento necesario para las relaciones comerciales. Puedes conseguir una buena conexión con clientes creando momentos especiales, los que conectes más allá de los meramente transaccionales.

Una de las experiencias más inspiradoras que he vivido fue durante los Juegos Olímpicos de 2012.

Más de cuatro mil millones de personas vieron los juegos olímpicos de Londres 2012 gracias a la tecnología que nuestra compañía proporcionaba, y la mayor variedad de dispositivos de la historia hasta ese momento, desde televisores de alta definición hasta teléfonos inteligentes. Participaron 205 equipos nacionales en los juegos número 30 de la historia moderna. Ese verano, paseando por las calles de Londres, se podía sentir el espíritu olímpico, con miles de banderas de prácticamente todos los países del globo. Para nosotros era el mejor ejemplo que podríamos soñar para mostrar nuestras capacidades a nuestros clientes: poner en marcha y gestionar redes complejas y de alta criticidad. Nuestro equipo puso en marcha «los juegos más conectados de la historia». Queríamos tener una alta visibilidad durante semejante inspirador evento. «Inspirar a una generación» era uno de nuestros lemas.

Organizamos varios eventos para enseñárselos a docenas de clientes de todo el mundo. Empezábamos con una exposición de nuestra contribución a la infraestructura de las distintas sedes olímpicas: unas 80.000 conexiones en 94 ubicaciones, 1.800 puntos de acceso inalámbrico y 16.500 líneas telefónicas. Proporcionábamos conexiones de banda ancha de alta velocidad con wifi a los 14.700 atletas. Con múltiples líneas de 60 Gb/s que estaban disponibles para transmitir la increíble cantidad de información que se compartía y distribuía por parte de los periodistas, pero también por los participantes y los espectadores.

Recuerdo que mantuvimos una sesión con Ade Adepitan, un medallista del equipo paralímpico británico de baloncesto. Ade nos contó cómo, cuando tenía 11 años, soñaba con ser un atleta olímpico, pero que, habiendo contraído la polio, su sueño parecía imposible. Sin embargo, tras superar múltiples experiencias difíciles, demostró que aspirar a lo imposible merece la pena. Me hizo reflexionar sobre cuántas veces encontramos barreras frente a nosotros que nos impiden acceder a realizar nuestros sueños. Y pensé sobre cómo uno puede superar esos obstáculos, sean los que fueren, enfocándose en lo que quieres conseguir en lugar de poner el foco en lo que hace imposible alcanzarlo.

Nuestros clientes estaban impresionados e inspirados. El CEO del grupo vino a darles la bienvenida. En un entorno tan inspirador las conversaciones de negocio fluyen en un tono diferente. Debatimos cómo innovar y exploramos futuras oportunidades de colaboración.

Con uno de nuestros canales indirectos de Japón, acordamos incrementar la actividad para apoyar a las empresas japonesas que operaban en Europa. El CIO de un banco nos pidió que le ayudásemos a reducir su base de coste aplicando más tecnología a sus operaciones. Y, de la misma forma, otros cuantos querían aprovechar y sacarle partido a nuestra experiencia.

Esas conversaciones informales ocurrían a lo largo de diferentes eventos, desplazamientos, almuerzos o momentos de descanso tras largas caminatas a las distintas sedes. Fue una ocasión fantástica que no se podía desperdiciar. Los clientes valoraban esas ocasiones de ser inspirados, y combinábamos esos mensajes con la evolución de nuestras ofertas tecnológicas. Aprendí cuán importante es crear esos momentos para mejorar nuestras conexiones y ganar credibilidad.

6.17 ENTENDER LOS RETOS DE LA INNOVACIÓN EN CLIENTES

Los clientes suelen estar listos para compartir lo que los motiva y cómo evoluciona su industria. Se enfrentan a retos generados por tecnologías disruptivas y nuevos modelos de negocio. Ser consciente de estos retos es fundamental para que las soluciones que construyas den el mejor apoyo a tus clientes. Sé siempre curioso y utiliza cualquier oportunidad que tengas para aprender sobre ello en cualquier conversación o, incluso mejor, visitando una fábrica, una tienda o una oficina. Esas charlas con clientes siempre me han inspirado. Cuando comparten cómo se enfrentan a esos riesgos y oportunidades, ellos te proporcionan una perspectiva que puedes extrapolar a tu propio negocio. Aun más importante, entendiendo cómo piensan y se transforman puedes diseñar soluciones más ajustadas a ellos.

Yara es un líder global en fabricación de fertilizantes. Suministra soluciones para la agricultura y su entorno. Su CIO asistió a uno de nuestros eventos de clientes y compartió su ambición de emplear más extensivamente nuevas tecnologías en sus operaciones. Un profano podría considerar que la agricultura es una industria tradicional en la que la innovación digital es menos relevante que en otros sectores. Sin embargo, nos describió cómo, entre otras acciones, habían adquirido algunas compañías especializadas en sensores. Desde hace años Yara había invertido en I+D e innovación para transformar la agronomía basada en semillas y aplicar el conocimiento en formato digital a través del desarrollo de herramientas y servicios en la agricultura de precisión.

Comprender la determinación de Yara para avanzar en el uso de servicios digitales nos ayudó a proponer nuevas ideas que pudieran ayudar a gestionar mejor la infraestructura que soportaba sus soluciones.

Este es solo un ejemplo de los múltiples que aprendimos cada día. Debes disponer del tiempo para conocer y entender estas transformaciones en los modelos operativos de tus clientes. Aprendí tanto o incluso más en estas conversaciones que en reuniones internas. A veces, me sentía sobrepasado por el nivel de innovación que se estaba generando en las distintas industrias. Hablamos mucho sobre *start-ups* y sus invenciones, pero me he dado cuenta de cómo grandes empresas se han tomado realmente en serio lo que la revolución digital significa para ellas, y han reaccionado activamente.

La innovación cubre un amplio espectro de conceptos. Existe innovación en nuevas tecnologías, innovación en la forma en que se emplean viejas tecnologías de una forma diferente o innovación en modelos comerciales. Puedes encontrar casos que combinan las tres. El uso, por ejemplo, de técnicas de inteligencia artificial, es posible por la evolución de las soluciones de *hardware* y *software*. La disponibilidad de plataformas más grandes y baratas permite a las empresas gestionar datos a una escala mayor. Es el denominado *big data*. Aplicándolo, puedes aprender sobre los comportamientos de tus clientes. Te permite realizar ofertas basadas en sus gustos o en la ubicación de esos clientes en cada momento, generando nuevas formas de hacer negocios para el comercio minorista. Las posibilidades son ilimitadas. El reto como proveedor es ser capaz de inspirar a tus clientes.

Hace unos años, decidimos incluir una cláusula de innovación en los contratos con nuestros clientes. Con ello, buscábamos mostrar nuestro compromiso para aportar nuevas ideas y servicios a nuestra relación. Organizábamos sesiones trimestrales en las que presentábamos y debatíamos sobre nuestras inversiones en I+D y los desarrollos asociados. Incorporábamos también perspectivas externas sobre lo que ocurría en el mercado, en las industrias de nuestros clientes y en otras como referencia. Examinábamos las tendencias de mercado e intercambiábamos nuestras perspectivas con ellos. Adicionalmente, en ocasiones, acordábamos realizar una prueba de concepto o lanzar un piloto. En la mayoría de los casos, lo cofinanciábamos y en algunas ocasiones incluso terminábamos con un producto conjunto en el mercado.

Una bien conocida firma de moda buscaba incrementar su eficiencia en la forma en que operaba alrededor del mundo. Sus equipos, distribuidos por Hong Kong, Nueva York, Ámsterdam y París, trabajaban juntos para diseñar la ropa de la próxima temporada. Uno de sus retos era juntarlos dadas las distancias. Viajar era caro tanto en tiempo como en dinero. Posteriormente hemos vivido que los retos de la pandemia han acrecentado la necesidad de cooperar de forma remota. En aquella época lanzamos un servicio de videoconferencia de alta definición. El servicio de Telepresencia, ese era su nombre comercial, entregaba excelente imagen y sonido. Las habitaciones de telepresencia en cada ubicación contaban con la misma disposición y decoración, de forma que daban la impresión de ser un único espacio. Al cabo de unos minutos, los participantes estaban inmersos en la conversación de tal manera que la colaboración era plenamente efectiva. El proyecto funcionó muy bien. Los diseñadores compartían tejidos, colores o botones, y disponían de modelos en cada ubicación que se iban probando los vestidos. Acabamos llamándolo el cambiador virtual. Me impresionó lo rápido que las conversaciones conjuntas sobre innovación culminaban en una solución de ese estilo.

6.18 Reflexión

Hemos compartido cómo el papel de *Chief Engagement Officer* potencia la obsesión por los clientes. Es tiempo de reflexionar.

o ¿Cómo se hace escuchar la voz del cliente en tu organización?

o ¿Qué puedes hacer para hacer más visible al cliente a todo el equipo, independientemente de su función en la organización?

o ¿Cómo lideras dando ejemplo?

o Piensa en ejemplos donde darle la vuelta a un problema con un cliente se ha convertido en una oportunidad de mejorar la relación y confirma si se ha transformado al mismo tiempo en conocimiento corporativo.

o ¿Cuáles son las fuentes de inspiración sobre los cambios de los negocios de tus clientes? ¿Cómo estás al tanto de su transformación de forma que les puedas ser útil?

o ¿Cómo capitalizas las lecciones de ganar y perder oportunidades de negocio?

o Considera ejemplos de innovación conjunta con clientes en tu organización o en otros sectores. ¿Qué puedes aprender de ellos?

7

IMPULSA EL ALTO RENDIMIENTO

7. IMPULSA EL ALTO RENDIMIENTO

Extendiendo la evangelización a las conexiones personales, el CEO ha establecido el marco de referencia. Ha definido la visión, y sabe lo que quiere conseguir. El equipo está listo para hacerlo realidad. Y los clientes están alineados para tener a tu empresa como parte de su ecosistema. Seguramente ya has comprendido la clara interrelación entre ambas dimensiones. La base de cualquier comunicación es conocer el destino. Una mayor interacción con las diferentes comunidades asegurará que la visión recibe el apoyo adecuado, y, al mismo tiempo, va evolucionando y refinándose. Estas dos dimensiones, que hemos analizado hasta ahora, deben estar equilibradas, aunque, dependiendo de la situación, una puede ser más visible que otra. Sin embargo, ambas estarán siempre presentes. Ahora ha llegado el momento de entrar en la dimensión de ejecución, la de hacer que las cosas pasen.

El *Chief Execution Officer* es responsable de traducir la visión en planes y de seguir con determinación su implementación. Debe conducir una organización de alto rendimiento. Tiene que mantener el foco para evitar peligrosas distracciones. Debe impulsar el cambio, siendo el primer agente de cambio de la organización. Estos elementos garantizarán una ejecución perfecta que haga realidad la visión. En este proceso mantener a la gente conectada y motivada es también crítico para completar las acciones requeridas en cada fase. Aquí es donde las tres dimensiones juegan juntas en su máxima expresión. En mi experiencia, ello requiere una atención completa para equilibrarlas adecuadamente. La maestría en ese balance te hará un líder más fuerte.

El éxito está vinculado al rendimiento. En cualquier disciplina deportiva, cuanto mejor es tu rendimiento, mayor es la satisfacción, el orgullo y, eventualmente, el reconocimiento y la recompensa. Eso es el éxito. El foco en el alto rendimiento comienza definiendo las expectativas de lo que pretendes conseguir. A continuación, es esencial perfilar cómo se va a hacer el seguimiento de ese rendimiento, construir las métricas relevantes y evaluarlas consistentemente. Debes liberar el poder de la organización promoviendo las mejores prácticas de fertilización cruzada. Un equipo de alto rendimiento debe ser el corazón de cualquier gran compañía, y tú puedes construirlo.

7.1 ESTABLECE CLARAMENTE LAS EXPECTATIVAS

Una ejecución brillante requiere una sólida planificación. Ello significa definir el siguiente nivel de detalle de la visión. Consiste en estar seguro de que todo el mundo sabe lo que debe hacer. Y para ello debes ser claro en las expectativas, establecer bien los objetivos que impulsen el rendimiento y crear una cultura de atención al detalle.

EXPLICA CÓMO TRABAJAS

He aprendido que, al igual que describir qué hacer, es importante compartir cómo quieres que las personas actúen. Tu equipo debe saber qué pueden esperar de ti, y que esperas tú de ellos. Explicando cómo operas, harás más sencillo a la gente trabajar contigo y hará las conversaciones y reuniones más efectivas.

Cuando empecé como CEO, la responsable de Comunicación Interna me preguntó: «¿Tú cómo trabajas?». Me sorprendió. «¿Qué quieres decir?», le pregunté. Se refería a las reglas de colaboración, cómo hacer frente a los problemas, cómo debatir temas o cómo tomar decisiones. Me dijo: «Para quienes no te conocen, hará todo más fácil si articulas una especie de principios de operación». Así que decidimos escribirlos. Al principio, no estaba seguro de su utilidad. Pero a largo plazo me ahorraron un montón de tiempo y energía. Esos principios básicos ayudaron a la gente a entender mi estilo de liderazgo. Si los compartes pronto, puedes incluso hacer referencia a ellos en las reuniones y conversaciones del día a día. Estos eran, y lo han seguido siendo en mis nuevas responsabilidades como CEO de una empresa de ciberseguridad o como presidente de un líder de servicios IT en el ámbito de los datos y la inteligencia artificial:

No me gustan las sorpresas. Los analistas financieros, los clientes y, en general, responsables de negocio, aprecian la predictibilidad. Les permite realizar modelos financieros, planificar y ejecutar de acuerdo con ellos. Un negocio impredecible genera incertidumbre, que es el mayor enemigo para obtener confianza y, por supuesto, para conseguir fuentes de financiación. Anticipándose a los problemas es como previenes riesgos. Por ello, todo el mundo debe estar preparado para escalar problemas o preocupaciones lo antes posible, al igual que se suele hacer con las buenas noticias. Una gran operación de negocio podría requerir más recursos e inversiones que necesitan ser planificadas. Las sorpresas limitan tu habilidad para gestionarlas. Conocer con tiempo que algo podría ocurrir te permitirá prepararte adecuadamente. Significa también que el equipo debe estar dispuesto a pedir ayuda cuando la necesite. A veces, por responsabilidad o miedo, alguien puede tratar de resolver un problema, y cuando pide ayuda al no lograrlo, es ya tarde o se ha enquistado, y su resolución es aún más difícil. Cuando alguien identifica un problema, debe alertar del riesgo, sin importar de quién es la responsabilidad. Compartir el problema implica que debes articular la cuestión bien, presentar un plan para resolverlo, estimar el riesgo asociado y estar listo para recibir consejo y ayuda para mejorar su solución. En resumen, se trata de hacer que la gestión del riesgo sea una capacidad clave de tu organización.

Nuestros clientes pagan todo lo que hacemos. Me he referido con anterioridad a esto. Ello implica que los clientes deben estar realmente en el centro de todo lo que hacemos. Nuestro negocio está construido para ellos, ellos reconocen nuestro valor y están preparados para pagar por él. Esto debe reflejarse igualmente en la forma en que gastamos nuestro tiempo y dinero —en eventos, viajes, recursos, formación o *partners*—. Siempre debemos preguntarnos la necesidad real de hacer algo. Es imperativo o es prescindible. Escucha la voz del cliente en todo lo que hagas. Realizar una especie de chequeo, desde la perspectiva del cliente, de la decisión que tomar te dará un ángulo diferente y valioso.

Como equipo debatimos soluciones, no problemas. Seguramente reconoces la situación. Un amigo la define como «admirar el problema». Invertir tiempo entendiendo los detalles de un reto en particular es bueno siempre que se haga con el propósito de encontrar la solución. Sin embargo, he asistido a múltiples reuniones en las que el problema era el rey, presidía la sesión y todos nos hallábamos congregados a su alrededor. En algunas ocasiones, ni siquiera la cuestión estaba bien definida. Transforma el foco. No mires al problema, atácalo. Puedes marcar la diferencia preguntando las cuestiones correctas y dirigiendo la discusión de forma productiva. Me impresionaba ver cómo la organización fue cambiando a lo largo del tiempo, simplemente manteniendo la disciplina de orientar las reuniones a buscar juntos las soluciones en vez de recrearnos en el debate del problema.

No solamente pedimos a la gente que haga las cosas o consiga resultados, le preguntamos qué necesitan para hacerlo. Hay varias referencias a este tema en distintos capítulos del libro. El papel de un líder es apoyar a su equipo, no solo requerirle que produzca resultados. El riesgo de solo enfocarse en solicitarles que los obtengan es que genere inmediatamente su desconexión. Por oposición, el apoyo debe estar asociado a una mayor responsabilidad para entregar y, por tanto, evitar su uso como excusa en caso de fallo. Esta forma de actuar formaba parte de mi contrato con el equipo. Les dije que, si encontraban irracionales nuestras peticiones, nuestro compromiso era que las discutiríamos. Pero el objetivo era identificar qué hacía falta para realizar la tarea, en vez de abandonarla. Era todo acerca de cómo proporcionar los recursos o ideas necesarias para ejecutar los planes.

Somos claros y honestos. Compartimos lo que pensamos abierta y respetuosamente. Las organizaciones de éxito se basan en personas honestas y que respetan las perspectivas de los demás. Una conversación directa y clara puede identificar comportamientos inadecuados y corregirlos. Puede promocionar la diversidad, el debate y proporcionar mejores resultados. El desacuerdo es una de las herramientas más potentes para ser mejores. El temor de expresarse bloquea el crecimiento personal y para la organización. En muchas ocasiones no es intencional y ello requiere la adecuada atención por parte del líder. Pide a la gente que opine abiertamente siempre que puedas. Tú mismo puedes ser la primera barrera para esa apertura de las personas. Si siempre das tu opinión el primero o si rebates instantáneamente sus ideas, condicionarás su participación y desincentivarás la sinceridad. Y esa honestidad debe apalancarse en una sólida ética empresarial que ponga los valores por encima de alcanzar resultados a cualquier precio.

Somos ambiciosos y siempre aspiramos a más. Este es el espíritu del deporte. Hacerlo bien no es suficiente. En un mercado altamente competitivo, el nivel de exigencia se eleva cada año. Debes ser irracional. Tus clientes esperan que sigas mejorando. Debes crear esa sana ambición de ser cada vez mejores. Sin embargo, también debes mostrar el progreso y celebrar los éxitos y los hitos conseguidos. De otra manera, corres el riesgo de formar un equipo que esté permanentemente insatisfecho. Equilíbralo reconociendo las mejoras de resultados, ello será, al mismo tiempo, un incentivo para otros.

En varias reuniones, me refería a esta lista de principios. Incluso llegamos a publicarlos para facilitar al equipo entender cómo mi estilo, y lo que podía esperar de mí. Recuerdo una ocasión en la que un director de operaciones de dijo: «Luis, ya sé que no te gustan las sorpresas. Mañana puede haber algunos problemas, ya que hay un cambio significativo de las fuentes de alimentación en uno de los grandes centros de datos que gestionamos. Tenemos un buen plan preparado, pero es suficientemente importante como para que lo conozcas. Te mantendremos informado». Mi equipo y sus reportes solían aplicar esta pequeña lista de principios y acabó convirtiéndose en una guía informal de estilo de dirección.

DEFINE OBJETIVOS CLAROS

La definición de objetivos es una piedra angular para potenciar el rendimiento. Deben estar alineados a la visión y a los planes para implementarla. Y es esencial conseguir el equilibrio entre objetivos cuantitativos, cualitativos e incentivos. Los cuantitativos van ligados a los principales indicadores de negocio. Los cualitativos se asocian a hitos a definir. Los incentivos son los esquemas de compensación alineados con los objetivos cuantitativos y cualitativos. Para mí siempre ha sido útil separarlos. Especialmente al tener las conversaciones sobre la evolución de las personas y sus resultados.

Al definir los objetivos hay un pequeño conjunto de lecciones que he ido aprendiendo que son riesgos para evitar:

- Convertir cada objetivo en un objetivo del equipo. Puede parecer que ello fomenta el trabajo en equipo, ya que todos apoyarán la consecución de ese objetivo común. Sin embargo, en mi experiencia los objetivos de equipo pueden también diluir la responsabilidad personal. El sentimiento de alcanzar el resultado de equipo debe complementarse con la realización individual y su impacto directo. Un correcto equilibrio potencia el comportamiento óptimo.

- Confundir objetivo con la descripción del puesto. Este es otro error frecuente. Tuve esta discusión revisando los objetivos de un jefe de proyecto. Inicialmente ella tenía «organizar reuniones con una clara agenda y gestionando el tiempo para mantener sesiones altamente efectivas». Por supuesto, cualquier jefe de proyecto debe ser capaz de coordinar sus encuentros de esa forma. Pero eso forma parte de la descripción de su labor. Así que acordamos modificarlo a «para el final del año, reducir el número de reuniones y el tiempo consumido un 20 %, gestionándolas de forma más eficiente». Así se enfocaría en una tarea específica. Con ello se motiva el cambio y la mejora. Eso es lo que se busca con un objetivo personal bien definido.

- Establecer un objetivo inalcanzable. Hay una fina línea entre reto y desmotivación. Si bien debes ser exigente en el límite de la irracionalidad, debes emitir tu juicio de valor sobre lo que tiene sentido. Unos objetivos ambiciosos y bien definidos animan al equipo a ser mejor. Motivan a las personas a trabajar juntos y progresar. En el deporte, aspiras a realizar una mejor marca, correr más rápido o levantar un peso superior. Es la forma de motivar a las personas. Sin embargo, si pides a alguien levantar a mano dos toneladas, probablemente abandonen sin siquiera intentarlo ni poner el foco en cómo batir ese nuevo récord. Es difícil juzgar el verdadero nivel de dificultad de cada reto. Asegura que los objetivos son retadores pero justos.

- Definir objetivos contradictorios entre departamentos. Siempre habrá cierta tensión cuando defines la ambición de reducir costes en una unidad funcional y crecer en recursos en otra. En nuestro negocio la unidad de gestión de oficinas debía reducir el uso del espacio, mientras, al mismo tiempo, una unidad de ventas crecía en su equipo y buscaba tener más metros cuadrados. Resolvimos el conflicto añadiendo un indicador más sofisticado para el equipo gestor: coste por empleado. Eliminó la dependencia directa con cuántos nuevos empleados se incorporaban o dejaban la compañía. Al mismo tiempo, limitamos el número de plantas a disposición de la unidad en expansión, animando el uso de herramientas de colaboración y el uso del trabajo flexible en remoto. Una buena forma de conseguir alineamiento es organizar sesiones en las que la gente comparte sus objetivos, buscando formas de hacerlos compatibles o complementarios. Ello aflorará inconsistencias generando una conversación más constructiva. Como líder, merece la pena correr el riesgo de que existan disputas. Objetivos contradictorios a menudo generan debates productivos, pero también pueden ser la fuente de pérdida de tiempo y energía.

- Establecer objetivos sólidos, bien estructurados, pero que no sustentan las principales ambiciones de la compañía. Digamos, por ejemplo, los objetivos del departamento de formación. Los empleados pueden invertir el número adecuado de horas en cursos, pero podrían no ser los cursos adecuados. Alguien debe asegurar que el foco en formación está alineado con el negocio clave de la empresa. Tu equipo podría haber desperdiciado el tiempo formándose en productos estándar en vez de nuevas soluciones del porfolio. Podrían haber gastado el tiempo en sesiones presenciales cuando un curso *online* podría haber funcionado perfectamente. Estos elementos deben reflejarse en los objetivos. Se trata de hacer las cosas correctas, no solamente de hacer las cosas correctamente.

En resumen, la definición de objetivos es una herramienta fundamental para potenciar el rendimiento corporativo. Lo que motiva a tu gente es esencial. Debes dedicar tiempo a asegurar que la organización define objetivos cuantitativos, cualitativos e incentivos que apoyan la ejecución de la visión. He escuchado a algunos CEO diciendo: «Mi equipo directo debe saber qué tiene que hacer. No necesito establecer objetivos individualmente. Son mayorcitos». Yo cometí ese error también. Pero no se trata solo de resultados financieros o indicadores de productividad. Todo el mundo necesita un reto claro y personal donde demostrar su progreso y su contribución a la organización.

Yo solía tener ingresos, beneficio y flujo de caja como objetivos principales para el equipo, así como objetivos individuales para cada uno. Por ejemplo, el director de porfolio debía aumentar la penetración en segmentos de clientes específicos, mejorar la fidelidad de ciertos perfiles de empresas y su participación en programas de voluntariado. Al fijar los incentivos, su bono se dividía entre esos objetivos personales y los resultados generales del negocio. Fomentas la colaboración estableciendo ambiciones comunes y garantizas responsabilidad personal mediante objetivos individuales.

La palabra consecución tiene diferentes significados en distintas compañías. En uno de nuestros eventos, el responsable de la unidad de *cloud* de Google realizó una presentación. Debatimos qué eran para ellos objetivos retadores y en qué basaban los criterios de compensación. Nos explicó que el 70 % de su bono estaba asociado a objetivos individuales, el 20 % relacionado con la contribución al éxito de otros y el 10 % final a la ejecución de proyectos innovadores y excepcionales. Ello nos mostró, de nuevo, cómo estableciendo claramente los objetivos correctos se puede orientar y guiar dónde invierte el tiempo y el esfuerzo el equipo.

PRESTA ATENCIÓN AL DETALLE

La atención al detalle es algo que siempre he considerado como un diferenciador del líder. Es una capacidad intrínseca de *Chief Execution Officer*. Estoy convencido de la importancia de conocer y entender los detalles de tu negocio. Ello se traduce en tener una profunda visión de los clientes que tienes, los productos que usan, los márgenes que consigues, dónde están los costes o cuántas personas trabajan en un área específica. Ser capaz de sumergirme al máximo nivel de detalle me ha ayudado a entender el sentido de las grandes cifras y los parámetros clave a la hora de medir las operaciones. Los mejores líderes son capaces de explicar su cuenta de resultados y la dinámica de su negocio de forma sencilla. Ello se consigue con un profundo entendimiento de cada componente.

Los detalles cuentan cuando diriges un negocio. La CEO de Dixons estaba visitando algunas de sus tiendas en el Reino Unido. Acababa de ser nombrada en el nuevo puesto. Me contó cómo aspiraba a conocer su negocio mejor, más cerca de sus clientes, y nada mejor para ello que los comercios a pie de calle. Recorría uno de sus establecimientos acompañada por el jefe de tienda y había un pedazo de papel en el suelo. Ambos lo vieron. Fue ella quien lo recogió y depositó en una papelera. Me explicaba que si no prestas atención a cada detalle, los negocios se deterioran. Es una mala práctica pensar que estás demasiado alto en la organización para recoger un trozo de papel del suelo. Sonreí, hicimos algo parecido hace unos años, atando unos cables sueltos, cuando visitamos un centro de proceso de datos.

Para inspeccionar y aprender sobre el detalle, he encontrado útil segmentar el negocio en elementos que puedas digerir, entender y, sobre todo, actuar sobre ellos. Pueden ser segmentos de clientes, productos del porfolio, regiones o líneas de costes. A partir de ahí, entenderás la dinámica de cada pequeño componente. Te ayudará a identificar las interdependencias y te hará más fácil tomar decisiones.

Estábamos escrudiñando la estructura de los costes de telecomunicaciones. La dividimos en subcategorías. Una eran las líneas de datos. La subdividimos en los tipos de líneas, sus velocidades, lo hicimos por región, por país y por clientes. Me permitió tener una perspectiva detallada de dónde se hallaban nuestros costes principales y dónde enfocarnos. Al mismo tiempo, ese nivel de conocimiento nos hizo conscientes de las dependencias de ciertos proveedores o la falta de conexiones de alta velocidad. El ejercicio nos abrió los ojos a todos. Aprendí mucho sobre nuestro negocio. La atención al detalle te proporcionará una perspectiva única.

Aplicamos algo parecido para entender la penetración de nuestras soluciones de ciberseguridad en cada uno de nuestros clientes. En una simple tabla pusimos por un lado clientes y por otro la lista de soluciones. En cada cruce de los dos ejes teníamos el negocio actual o potencial de un producto o servicio para ese cliente. Incluimos el volumen de negocio estimado y si éramos el proveedor o quien prestaba el servicio. Ello nos permitió entender las oportunidades y enfocar nuestras acciones.

7.2 Sigue el rendimiento

Una vez definidas claramente las ambiciones, es tiempo de seguir el rendimiento de tu negocio. Para impulsar un seguimiento altamente eficaz debes mantener sesiones de seguimiento inspiradoras, crear una actitud de posibilismo y emplear pensamiento paradójico, como comentaremos más adelante, para mejorar la forma de enfrentarte a los problemas.

MANTÉN REVISIONES DEL NEGOCIO INSPIRADORAS

En la mayoría de las organizaciones existe un proceso formal de revisar el comportamiento del negocio, desde los niveles más bajos de la organización al máximo nivel. He aprendido que, al margen de dónde estés, hay algunas prácticas que pueden hacer estas revisiones útiles, prácticas e incluso inspiradoras.

La primera reflexión es ¿en qué inviertes el tiempo en esas reuniones? ¿Están enfocadas al pasado o al futuro?

Las revisiones de negocio ofrecen una excelente oportunidad de aprendizaje. Puedes entender mejor la dinámica de cada indicador, generar buenas conversaciones sobre acciones futuras y descubrir talento al interactuar con el equipo. Pueden ser también momentos de inspiración para la gente. Tanto al prepararlas como al realizarlas.

Puedes emplear esas evaluaciones para instaurar una forma de trabajar o aprovechar para efectuar una reflexión de cómo dirigir las operaciones.

En una de mis primeras revisiones como CEO, estaba con la unidad regional de Europa explicando mi forma de analizar el negocio en esas sesiones. Hay tres conjuntos de cifras que utilizo cuando reviso el desempeño: objetivos, resultados y proyecciones.

En la mayoría de los negocios que conozco existe un proceso anual de planificación en el que se define lo que se aspira a conseguir en términos de resultados. Puede ser un resultado financiero o una métrica operativa, como el número de vehículos vendidos o el de clientes de móvil adquiridos. Eso es lo que denomino el objetivo, y debe tener presupuestos financieros asociados. Personalmente, siempre he procurado tener ese objetivo presente. Se define durante el proceso de planificación. Mantenerlo facilita tu capacidad de planificar a largo plazo.

Por otro lado, cuando empiezas a ejecutar los planes, puede que obtengas un número diferente. Ese es el resultado. Es una cifra concreta, la consecuencia de la actividad que has realizado para alcanzar el objetivo. Los resultados proporcionan una clara indicación de la calidad de la planificación, de la habilidad para ejecutar bien, los riesgos que van surgiendo e incluso una referencia del nivel de dificultad del objetivo. Y, si bien reflejan principalmente el desempeño del equipo, pueden también ser influenciados por factores externos. Si una medida regulatoria modifica el precio de un producto de forma inesperada, ello puede potencialmente generar un resultado diferente acercándonos o alejándonos del objetivo.

Una vez conseguido el primer conjunto de resultados, se inicia el proceso de evaluación. ¿Por qué nos hemos desviado? ¿Qué hipótesis era correctas y cuáles erróneas? ¿Qué condiciones externas han cambiado? ¿Qué hemos hecho bien o dónde hemos fallado en la ejecución? ¿A qué hechos inesperados nos hemos enfrentado?

El siguiente paso es la realización de las proyecciones para el próximo periodo (un mes o un trimestre, por ejemplo). Una vez más, es clave entender los detalles de las hipótesis asociadas a la nueva predicción.

De ahí en adelante, gestionarás las sesiones de revisión empleando esos tres conjuntos de números: objetivos, resultados y proyecciones.

Al comparar los resultados con la última proyección, es esencial entender qué ha ocurrido. Cuando elabores la nueva proyección, compárala con el objetivo y construye el plan para conseguirlo.

En nuestro negocio, como en muchos otros, presentábamos los resultados trimestralmente. Ello disparaba una ingente actividad interna para chequear el desempeño de los últimos tres meses y del año en curso hasta la fecha. Las revisiones operativas, sin embargo, deben estructurarse fundamentalmente para acordar acciones que ejecutar.

Cuando comencé a realizarlas, nuestras sesiones se hacían unos pocos días después del final de trimestre anterior y enfocadas principalmente en mirar hacia atrás. Estaban orientadas a qué había ocurrido, las luces y sombras del periodo previo, lo conseguido y los problemas encontrados. Desde luego que también hablábamos del futuro, las proyecciones, las acciones, los riesgos y oportunidades. Pero como eres quien dirige la revisión, tú defines el tono de esta. Tardé en darme cuenta de lo mucho que ese tono permea a través de toda la organización. Si estructuras la presentación, el foco financiero, el contenido de la presentación mirando a lo ocurrido, acabarás teniendo a toda una organización centrada en explicar el pasado. Recolectarán datos y harán presentaciones sobre lo acontecido, y poniendo menos foco en lo que el equipo está haciendo actualmente y lo que necesitan para completar con éxito su misión. El porcentaje de tiempo que dedicas a cada tema establece las prioridades. Mucho más de lo que crees.

Decidimos modificar las sesiones para que tuvieran lugar a mitad del trimestre, en vez de al principio. Las presentaciones se enfocaron más al futuro. Dado que estábamos a mitad del trimestre pasamos a tener mejores proyecciones y una lista más clara de las acciones que acometer para alcanzar los objetivos. La conversación cambió a ser sobre las hipótesis de la proyección, qué ayuda era necesaria o cómo asegurar la culminación de un proyecto para un cliente que era crítico para alcanzar los resultados. Percibimos un cambio completo en todo el negocio. En la mayoría de las reuniones, las agendas evolucionaron hacia lo que íbamos a hacer en vez de gastar el tiempo en chequear lo que había ocurrido y hacer un informe sobre ello. Ello se aplicó a todo lo que hacíamos. Las evaluaciones personales pasaron a tener una conversación más equilibrada sobre el desempeño acompañado por planes de desarrollo personal. Las inversiones de capital alineándolas a las prioridades del futuro.

La mentalidad continuó evolucionando desde la esperanza a la confianza y a la determinación.

Aprendí cómo el espíritu de toda una organización puede modificarse con pequeños pero poderosos signos. Cuando gastas la mayor parte de tu tiempo mirando atrás, explicando el pasado, tienes además menos control. Si cambias el foco, planificando y debatiendo el futuro, y solo usas el pasado como una guía de lecciones aprendidas estás en el asiento del conductor. Tus resultados serán consecuencia de donde aplicas tu tiempo, esfuerzo y energía. Esta es mi recomendación: reequilibra el tiempo que inviertes entre revisar el pasado (25 %) y enfocarte en el futuro (75 %).

CREA UNA ACTITUD POSIBILISTA

Las mismas revisiones pueden usarse también para reforzar una actitud de creer en hacer que las cosas ocurran. La mayor parte de las conversaciones van siempre orientadas alrededor del contenido que el equipo decide llevar a la reunión. Sin embargo, puedes influir buscando sesiones más productivas con una pregunta sencilla: ¿Qué necesitas?

En una sesión con el equipo de Servicios Profesionales, estaban presentando la evolución del mercado de servicios de ciberseguridad. El aumento de la conectividad por Internet y el incremento de comercio electrónico, una tendencia que se ha visto acelerada por la pandemia, había disparado los riesgos de la ciberseguridad. Las redes de las empresas y organismos oficiales requerían más protección, lo que representaba una oportunidad única para nosotros. Mostraban un buen crecimiento del negocio y sólidos planes para conseguirlo. Sin embargo, despertaron nuestro interés para aspirar a más. Así que planteamos la pregunta: imagina que quisiéramos crecer más rápido. ¿Qué necesitaríais?

El equipo estaba listo para responder. Iniciamos una conversación sobre incrementar la penetración en clientes existentes, encontrar nuevos, extender el porfolio y entrar en mercados geográficos adicionales. Para cada uno, plantearon los retos, las oportunidades y los recursos que requerían. Su labor consistía en construir el caso de negocio para cada oportunidad de forma que pudiéramos priorizar. Nuestro trabajo consistía en preguntar qué apoyo necesitaban para llevar adelante el plan y, una vez decidido, proporcionárselo. Terminamos aprobando algunas inversiones y la incorporación de más vendedores para acelerar el crecimiento. Y el equipo lo llevó a buen puerto.

Este ejemplo demuestra el poder de la pregunta: ¿Qué necesitas? Moviliza a la gente al terreno de hacer que las cosas pasen. Se enfocarán en lo que necesitan para que ocurran. Desde luego, debe existir un cierto contrato entre tú y ellos. Tras hacerles la pregunta, debe haber claridad en la decisión, quién debe suministrar lo que se necesita y cómo.

Emplea las paradojas o dilemas para resolver conflictos

En las sesiones de revisión surgirán también conflictos. Cuando ello suceda, debes estar preparado para aconsejar al equipo cómo afrontar la gestión de paradojas que es uno de los retos más importantes del liderazgo. Una paradoja es cuando te enfrentas a dos sentencias aparentemente contradictorias. La cuestión es cómo conseguir que las paradojas funcionen. Las personas que estaban acostumbradas a pensar linealmente sufren con la ambigüedad y la disrupción necesarias para gestionar paradojas.

El pensamiento paradójico requiere un liderazgo fuerte. Consideremos, por ejemplo, el dilema de mejorar el servicio y reducir costes simultáneamente. La primera reacción obvia es que para proporcionar un servicio de mejor calidad pueden ser necesarias más personas. Ese aumento generará costes incrementales y, por tanto, no será posible alcanzar el segundo objetivo. He tenido esta discusión en múltiples ocasiones.

Si analizas esto con mentalidad lineal, es cierto. Tú puedes perfeccionar cómo se implementan tus servicios y puedes requerir más recursos para ello. Sin embargo, para conseguir ambos objetivos es donde el pensamiento paradójico entra en juego.

En una de nuestras reuniones, estábamos debatiendo cómo llevar el servicio a clientes al siguiente nivel de calidad. La respuesta directa del director de Servicios a Clientes era reclutar más jefes de proyecto para incrementar la capacidad de gestión de peticiones. Ello hubiera generado directamente un aumento de los costes.

No teníamos presupuesto para financiarlo. Así que acordamos explorar algunas alternativas. Una de ellas fue considerar el coste asociado a los fallos. Una razón por la que nuestros costes aumentaban eran los retrasos en proyectos que para entregar a tiempo requerían más personal. También cuando se cometían errores costaba mucho más remediarlos. Para resolver la paradoja necesitábamos enfocarnos en reducir las fuentes de fallo. Introduciendo los datos de manera más precisa, estableciendo fechas más realistas para la finalización de proyectos o haciendo dobles comprobaciones para evitar errores humanos, todas eran formas de reducir la base de costes. Y al mismo tiempo la calidad de servicio mejoraría de forma inmediata. Los clientes estarían más satisfechos si las soluciones se entregaban a tiempo y si el servicio no sufría interrupciones. Parte de esos ahorros podría reinvertirse en contratar gente más formada o herramientas que mejorasen el servicio incluso más allá. Así que diseñamos un plan para atacar las causas origen del coste de los fallos y aprobamos la financiación de recursos de forma temporal. Los ahorros y los ingresos adicionales compensaron en pocos meses los costes de las acciones emprendidas a corto plazo.

Aprendí cómo la fuerza del pensamiento paradójico puede resolver contradicciones aparentemente irresolubles.

7.3 Domina la información de gestión

El CEO debe ser el maestro en entender y manejar la información de la compañía. En cualquier organización gestiona una ingente cantidad de datos. Los datos ordenados se convierten en información. Comprender esa información se transforma en conocimiento. Y ese conocimiento, acompañado por la experiencia, evoluciona a ser sabiduría.

En una sesión de mentorización con un jefe de producto en España, me preguntó: «Luis, he leído muchos artículos sobre métricas, el denominado *balanced scorecard* y cómo monitorizar el desempeño del negocio. ¿Cómo gestionas tú esto personalmente? Dada la cantidad de información que recibes, ¿cómo te manejas? Imagino que la forma en que la visualizas y representas puede acelerar y mejorar el proceso de decisiones. Me gustaría saber algo acerca de esto».

Estaba en lo cierto. El volumen de datos que recibes puede hacer difícil gestionarlo. Debes definir cuáles son los indicadores clave que vas a seguir, e identificar las técnicas que vas a emplear para analizar esa información. Ello permitirá tomar decisiones más acertadas en línea con tu visión. Con una sólida compresión de tu negocio, las áreas de mejora aflorarán con facilidad.

ESTABLECE INDICADORES CLAVE

La correcta identificación de indicadores de negocio afectará a tu capacidad de ejecutar. Necesitarás métricas que te proporcionen la orientación de cómo el negocio está funcionando hoy, pero habrá otros que te den una visión sobre el futuro. A mí siempre me ha funcionado separar entre indicadores de tendencias o anticipados e indicadores de resultados.

Los indicadores de resultados están orientados a las cifras de salida. Son la consecuencia de la actividad. Por ejemplo, cuántos ingresos generas. Son las salidas de las operaciones y deben estar relacionadas con la visión que has definido. Son los objetivos de tu negocio.

Los indicadores anticipados se centran en valores que indican tendencias. Son los que, en última instancia, generan los resultados. Por tanto, permiten enfocarse en influir en ellos. Por ejemplo, el volumen de contratos firmados. Estas métricas son las que merece la pena impactar, ya que son críticas y determinarán lo que ocurra en el futuro. No siempre es sencillo correlacionar ambos tipos de indicadores. Sin embargo, los dos son necesarios.

Estábamos debatiendo qué métricas seguir para estar seguros de la evolución del negocio en la senda correcta. Definimos indicadores de resultados: ingresos, EBITDA y caja generada. No era difícil. Sin embargo, teníamos una multitud de posibles indicadores anticipados. Definir la arquitectura de indicadores es una tarea crítica para la perfecta ejecución de tus planes. Es como el panel de control de un avión que permite dirigir el vuelo. Decidimos contemplar cuatro áreas de actividad para hacerlo más sencillo: crecimiento, eficiencia, servicio y personas. En crecimiento, seleccionamos el número y valor de los pedidos como indicador anticipado de los ingresos. En eficiencia, elegimos el coste de las líneas de acceso de diferentes proveedores. En servicio, un buen indicador era el número de los distintos tipos de incidentes. Finalmente, para las personas utilizamos, entre otros, la encuesta semestral de empleados. Creamos un libro de indicadores consolidando en un cuadro de mando esos parámetros y algunos otros para facilitar su seguimiento. Al mismo tiempo, aseguramos que, en los distintos sistemas, como por ejemplo Salesforce, las métricas eran claras, fáciles de seguir y que fueran empleadas a menudo. Me di cuenta de cuán importante es la definición de esas métricas porque aquello que gestionas, aquello por lo que preguntas o aquello que revisas con frecuencia es donde se va a enfocar toda la organización.

Una vez que los indicadores se han establecido, debes definir cómo los vas a seguir. Descubrí varias formas en que se pueden organizar esos datos. Cada uno debe decidir qué herramientas, gráficos o informes que utilizar. Asegúrate de invertir el tiempo necesario estableciendo los tuyos. Todo el mundo en la organización debe utilizarlos para gestionar su parte del negocio y deben ser tanto terminología como herramientas de uso cotidiano. Debes encontrar aquellos que mejor encajan para ti. Determinarán, en una larga medida, cómo pensará tu organización.

IDENTIFICA CÓMO MIRAR A LOS DATOS

La consistencia en usar técnicas similares me ha ayudado a identificar patrones recurrentes y seguir el rendimiento, incluso a través de negocios que son bastante diferentes entre sí. Me acostumbré a emplear tres sencillas pero poderosas técnicas: cuadrantes, listas y gráficos en cascada. Los cuadrantes me ayudaron a entender el negocio mejor mediante agrupaciones o *clusters*. Las listas permiten una ejecución con un mayor foco para el manejo de planes detallados. Los gráficos en cascada proporcionan una visibilidad adecuada de la dinámica del negocio apoyando los procesos de decisión.

CLASIFICA TUS DATOS: CUADRANTES

Los cuadrantes (tablas de 2x2) son una de mis herramientas favoritas de clasificación. Te permiten discriminar cualquier conjunto de datos y segmentarlos según tus prioridades clave. En la forma más básica, es un gráfico de 2 ejes que divides en dos mitades. El resultado son cuatro cuadrantes en los cuales sitúas los datos conforme a un conjunto de criterios. Aquellos que estéis inmersos actualmente en el mundo de la denominada gestión de datos reconoceréis su potencial. El objetivo es separar los distintos elementos en grupos o *clusters*.

En las técnicas de análisis en *big data*, el aprendizaje puede ser implementado a través de técnicas supervisadas o no supervisadas. Las supervisadas usan modelos matemáticos como la regresión para llegar a conclusiones. El aprendizaje no supervisado se basa en las agrupaciones de elementos con características comunes. Así es como utilizaba los cuadrantes.

Buscábamos cómo afinar qué clientes deberían ser nuestros prioritarios, para asignarles los mejores recursos. Completamos un primer análisis y vimos que la forma en la que gestionábamos nuestra base de clientes no era óptima. Decidimos estructurarlos sobre dos parámetros base: tamaño de negocio y potencial.

Situamos los ingresos actuales en el eje horizontal, y el potencial de crecimiento en el vertical. Cuanto más arriba en la gráfica, mayor el potencial. Cuanto más a la derecha, mayor el volumen de negocio existente. Ello permitía clasificar a los clientes en cuatro segmentos.

El inferior izquierdo contiene así los clientes cuyo volumen de negocio es pequeño y, además, con limitado potencial de crecimiento. Debes asegurar que gestionas esos clientes de la forma más eficiente, o bien a través de canales indirectos, o servirlos de forma distinta, o incluso vendiendo esa parte de tu negocio a alguien que pueda generar un mayor valor.

El cuadrante superior izquierdo incluye los clientes cuyo negocio actual es pequeño, pero cuentan con un elevado potencial de convertirse en grandes clientes. Debes ser proactivo en este segmento de clientes. Asigna tus mejores desarrolladores de oportunidades, los denominados *hunters* a estos clientes para explotar su potencial. Debes discriminar y mantener el foco, ya que no es posible perseguir todas las oportunidades disponibles. Un plan de desarrollo sólido es una herramienta crítica para identificar dónde está ese potencial y cómo atacarlo.

SEGMENTACIÓN DEL CLIENTE

POTENCIAL +	Foco en ganar	Invertir para crecer
−	Gestionar eficientemente	Maximizar el retorno
	− TAMAÑO	+

Figura 7.1. Clasificación por cuadrantes.

Fuente: *Elaboración propia*

El cuadrante inferior derecho contiene a los clientes cuyo tamaño de negocio es importante, pero con poco potencial de generar crecimiento incremental. Esta categoría suele incluir contratos a largo plazo con un alcance bien definido, pero con casi ninguna opción de crecer. Por ejemplo, un contrato gubernamental ganado en un concurso público hace tiempo en el que, una vez puesto en marcha, se trata de mantener un adecuado nivel de rentabilidad. En este sentido, ello requiere una amplia experiencia de gestión de contratos y de gestión de riesgos. La mejora continua del servicio ayudará a asegurar mejores márgenes y a identificar algunas oportunidades menores de generar negocio adicional. Alta calidad y un nivel bajo de quejas significa un cliente satisfecho y sin penalizaciones que reduzcan la rentabilidad.

El superior derecho es donde debe estar el eje central de tu negocio. Esos son los clientes en los que enfocarse como máxima prioridad, ya que son la principal oportunidad de crecimiento. Un volumen de negocio grande y con amplio potencial es el sueño de cualquier líder empresarial. Tamaño implica escala y, por tanto, facilita asignar tus mejores recursos a este colectivo. Los mejores profesionales, combinados con la excelencia en el nivel de servicio, representan un cliente más satisfecho, y ello hará más sencillo convertir en realidad el potencial del negocio (figura 7.1).

Aprendimos tanto acerca de nuestro negocio que crecimos el doble de rápido en los clientes que priorizamos. Dejamos de desperdiciar tiempo y esfuerzo en aquellos menos valiosos para nuestros objetivos y a quienes, al mismo tiempo, podíamos aportar menos valor. Así es como explotamos el uso de los cuadrantes para segmentar nuestros clientes.

El otro ámbito donde aplicamos consistentemente los cuadrantes fue en una matriz de 9 bloques basados en un eje de desempeño y otro de potencial de cada persona. Nos permitía ver dónde estaba el talento que cuidar y desarrollar, pero también los profesionales cuya contribución era clave aunque no tuvieran una carrera por delante. Asegura que entiendes bien dónde está tu equipo y tomarás mejores decisiones.

Simplifica mediante la gestión de listas

En cierta forma, la complejidad de la mayoría de los negocios puede resumirse mediante parámetros sencillos. Todos estamos habituados a utilizar listas, en el supermercado o cuando preparas la lista de invitados a una fiesta. Es una forma simple de gestionar. Por ello decidimos utilizar listas como una manera sencilla de supervisar algunas de nuestras operaciones.

Mantuve una conversación con nuestro CIO sobre cómo instilar a nuestros equipos la pasión por los detalles. Debatíamos cómo hacerlo con un mecanismo fácil de gestión de información. Acabamos acordando que en un negocio *business to business* puedes gestionarlo casi únicamente con el conjunto correcto de listas. Ya sé que suena demasiado simplista, pero es realmente efectivo.

En primer lugar, debes tener la lista de clientes. Y para cada cliente una lista con sus atributos, por ejemplo, cuántas conexiones o productos han contratado. Debes profundizar en ello para conseguir entender cada cliente. Un análisis detallado te dará la visión del estado de cada tipo de servicio y te permitirá tomar acciones individualizadas.

Cuando lideras un proyecto, por ejemplo, para conectar las oficinas y fábricas de un cliente, debes disponer de una lista, sean 10 o 500 ubicaciones. Un buen jefe de proyecto debe recorrerla y definir prioridades, identificar riesgos y mostrar el avance del proyecto solo empleando la lista.

En cierta forma, es una forma de probar cómo de bien se puede trocear un problema grande y complejo en piezas o unidades más pequeñas. Desde luego, gestionar esa lista es algo más que escribirla en un pedazo de papel o incluso en una hoja de cálculo, requiere los sistemas y aplicaciones correctos. Sin embargo, el concepto sigue siendo válido, y hace que problemas complejos sean más sencillos: define qué listas puedes usar para gestionarlos. He aprendido que si no sabes qué listas necesitas para gestionar cualquier área de tu negocio, debes replantearte cómo de bien lo controlas.

EL USO DE GRÁFICOS PARA DESCRIBIR LA DINÁMICA DEL NEGOCIO

Un reto para tu dimensión de ejecución es descubrir las dinámicas del negocio que diriges. Encontré que los gráficos de barras son una herramienta útil para diseccionar indicadores operacionales y financieros. En uno de los ciclos de planificación, intentábamos entender cómo alcanzar la cifra de ingresos el siguiente año fiscal. Queríamos identificar cuáles eran las áreas de foco y, basándonos en los ingresos del presente ejercicio, considerar potenciales cambios. Trocear el ingreso en partes podría hacer más sencillo tomar decisiones y tener una clara visión de lo que podríamos conseguir. Así que construimos un gráfico de barras.

Para hacerlo, tomamos el valor total de la cifra de negocio generada el año anterior y la dividimos en partes. La primera parte la forman los elementos que eran únicos el año anterior, los *one-offs*. Cosas que ocurrieron solamente una vez, que no se van a repetir de la misma forma —como vender equipamiento a un cliente que estaba instalando una nueva red—. El siguiente elemento que tener en cuenta es el negocio perdido. Por ejemplo, la cancelación de un contrato por un cliente que tenía ingresos recurrentes. Un tercer elemento será producido por la reducción de precio, ya sea comprometida contractualmente o debido a nuevas negociaciones. Estas tres reducciones, deducidas de los ingresos recurrentes, mostrará el nuevo negocio de base del siguiente periodo.

A continuación, debes ir añadiendo las oportunidades de nuevos ingresos. Lo primero serán los nuevos *one-offs* similares a los conseguidos el año anterior. Un segundo bloque lo generarán las operaciones que se han firmado, que están en proceso de entrega y que producirán ingresos adicionales. La tercera parte se producirá a partir de nuevos contratos que ganar, bien identificados o incluso desconocidos aún.

Trocear los datos en elementos separados te permitirá entender mejor tu negocio, los riesgos y oportunidades y cómo de retador es tu presupuesto o tu plan.

¿Cómo lo usaba? Bien, cuando analizábamos las operaciones singulares del periodo anterior, las preguntas esenciales eran acerca de su repetibilidad, foco, márgenes, y los incentivos a los comerciales.

Las cancelaciones generaban un debate sobre las razones por las que perdíamos, las pérdidas no deseadas y cómo mantener el negocio y los márgenes todo lo posible. Por ejemplo, reducir los recursos asignados a un contrato que se ha perdido, cumpliendo los compromisos, y cargando todos los costes incurridos acordados en el contrato.

Sobre las reducciones de precio, la principal cuestión está en los detalles. ¿Cuándo se producen? ¿En qué elementos se aplican? ¿Por qué no podemos compensarlas actualizando las tarifas de nuestros profesionales con la inflación o sus subidas salariales?

Conocía a un director comercial en Bélgica que mantenía una excelente forma de liderar a su equipo. Un cliente estaba solicitando una reducción de precio del 10 %. No podíamos decir que no a una demanda de disminución de precio; si nos hubiéramos negado, habría realizado un proceso competitivo que nos habría acabado costando más. El gestor de la cuenta intentaba reducir el tamaño del descuento explicando el valor de nuestros servicios. En la primera discusión interna, el equipo debatía si dábamos un 5 % o el 10 % que el cliente estaba solicitando. El director comercial preguntó por qué tenía que ser 5 % o 10 %. Sugirió ofrecer un 6,54 %. Entrando en dos decimales, el espacio para negociación es mayor. Y, en cualquier caso, la forma en que lideras tu negocio exige ese nivel de detalle. Es importante salvaguardar la mayor cantidad posible de tu margen. Me di cuenta de cuán relevante es crear la mentalidad de que cada céntimo cuenta.

Al referirnos a la cifra de ingresos incremental en la gráfica, nuestras preguntas deben centrarse en las tendencias. ¿Cuál es la tendencia en *one-off*? ¿Tienes un volumen similar cada año? ¿Has identificado ya esas oportunidades?

Los ingresos generados por los proyectos ya ganados son un elemento clave en el negocio. ¿Cuáles son las hipótesis o dependencias? ¿Cuándo comienza su puesta en marcha? ¿Cuáles son los riesgos? ¿Existen penalizaciones?

Y, finalmente, las fuentes desconocidas de ingresos, los proyectos que ganar, o incluso las nuevas oportunidades que encontrar. ¿Cuál es la ratio de proyectos ganados versus perdidos? ¿Cuál es el tamaño del *pipeline* de oportunidades ya identificadas? ¿Al aplicar esas ratios, cuánto nuevo negocio es necesario aún identificar?

Si lo reflejamos en forma de ecuación:

> Ingresos del nuevo año = Ingresos del año anterior - *Oneoffs* - Rotación de clientes - Reducciones de precio (neto de bajadas y subidas) + Nuevos Oneoffs + proyectos ganados a entregar + Negocio por ganar

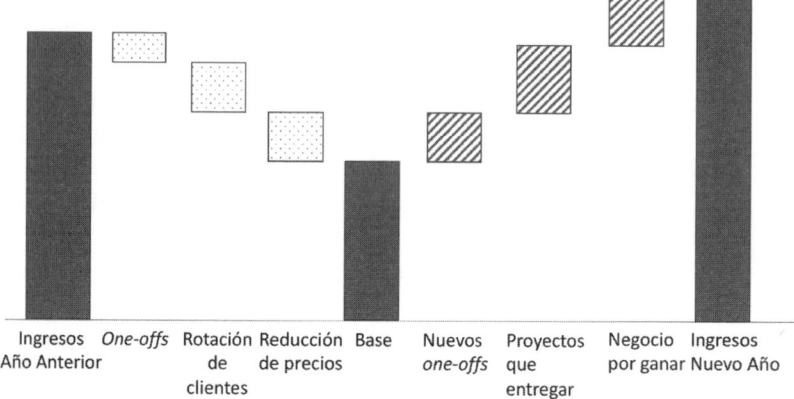

| Ingresos Año Anterior | *One-offs* | Rotación de clientes | Reducción de precios | Base | Nuevos *one-offs* | Proyectos que entregar | Negocio por ganar | Ingresos Nuevo Año |

Figura 7.2. Análisis de la evolución interanual de ingresos.

Fuente: *Elaboración propia*

Puedes fácilmente seguir la dinámica del negocio. Aplicamos el mismo método a los márgenes, la generación de caja y otros parámetros clave.

Lo que aprendí de los gráficos de barras es que fueron también una de las mejores herramientas en las revisiones de negocio. Es posible aplicar la misma aproximación a niveles más bajos en la organización. Los usamos de forma extensiva. Forzaron al equipo a tener un mejor nivel de compresión de la dinámica de sus operaciones.

7.4 EVALÚA EL RENDIMIENTO INDIVIDUAL

Una vez definidas las expectativas , establecidos los objetivos, fijado el método de seguimiento del rendimiento y decidido cómo gestionar la información de negocio, es el momento de evaluar el rendimiento individual.

La base de la evaluación del rendimiento personal está en repasar las actividades que alguien ha realizado bien y aquellas donde necesita mejorar. Debes tener esta conversación desde diferentes perspectivas. Primero, debes tener un buen equilibrio entre *feedback* en el día a día y las intervenciones formales. Segundo, debes crear un entorno que facilite identificar mejoras en lo que hacen y cómo lo hacen. Tercero, debes emplear el *benchmark*, las comparaciones, como medio de proporcionar una perspectiva de qué se puede considerar como un comportamiento óptimo.

CREA MOMENTOS FORMALES E INFORMALES DE *FEEDBACK*

Como parte del papel de *coaching* que comentamos antes, analizar los resultados es esencial para conseguir un alto rendimiento. El alto rendimiento se comprende muy bien asociado al deporte como ya hemos comentado. En la mayor parte de disciplinas deportivas, compites contigo mismo. Tu ambición es mejorar, y siempre conseguir nuevas marcas. Por ejemplo, realizar pequeñas mejoras para correr un milisegundo más rápido, o saltar más alto para obtener más puntos en baloncesto. Pero también compites con otros. Si eres un corredor que aspira a un récord mundial, tus competidores serán los mejores del globo.

Los atletas de élite emplean entrenadores que les asesoran sobre sus fortalezas y debilidades y sus áreas de mejora. Les proporcionan *feedback* en el momento, durante el partido, pero también en los entrenamientos o revisando vídeos de los encuentros pasados. Lo mismo ocurre en el mundo de los negocios. Debes dar *feedback* instantáneo cuando pienses que es necesario. Y, al mismo tiempo, asegura que preparas adecuadamente las entrevistas anuales o trimestrales.

En una de las reuniones de liderazgo, un *project manager junior* vino a presentar una solución de red que llevábamos tiempo esperando. Uno de mis reportes directos realizó unas cuantas preguntas sobre el retardo, y realizó comentarios sobre la competencia del equipo que lideraba el lanzamiento. El jefe de proyecto se sintió claramente incómodo y reconducjimos la conversación hacia un terreno más positivo. Al final de la reunión, llamé a mi colega a mi oficina. Le pregunté qué pensaba sobre su forma de actuar. Dijo que era inaceptable tener ese retraso, aunque reconoció que debería haber reaccionado de manera diferente. Pidió perdón al presentador y fue consciente para el futuro. El *feedback* en el momento es una gran manera informal de hacer pensar a la gente.

Esos momentos de *feedback* instantáneo garantizan que no habrá sorpresas cuando se llegue a la evaluación anual. Asegúrate de no guardar tus comentarios o consejos solamente para las conversaciones formales. Esos ejemplos permiten una conversación fructífera. Evaluar el rendimiento personal es una tarea clave del CEO. Los ejecutivos de alto nivel merecen un *feedback* en condiciones y una conversación detallada. Muy poca gente está preparada para decirles lo que están haciendo bien y lo que deben cambiar o desarrollar. Yo solía invertir un buen rato preparando cada revisión individual, recopilando no solo lo que habían hecho, sino cómo lo habían hecho. Por ejemplo, cómo habían vivido los valores de la compañía o trabajado con el resto del equipo.

Si tu organización te pide que indiques una valoración como parte del proceso, asegura que te enfocas en discutir lo esencial y no la cifra numérica. Lo más importante de una revisión anual es la conversación.

A la hora de analizar la gestión de las operaciones o de la actividad comercial, suelo comentar tres categorías que pueden facilitar la conversación. La forma en que un individuo ejerce cada una de ellas te ayudará a evaluarle:

- Liderar el negocio: busca asegurar que la responsabilidad y funciones esenciales del puesto van bien, ejecutándolas con un alto nivel de excelencia operativa. Esta categoría puede incluir mejoras en el servicio, los costes o la gestión del equipo.
- Crecer el negocio: en toda unidad existe una oportunidad de crecimiento. En comercial, se puede ganar más negocio, en servicios se puede mejorar cómo se prestan e incluso facturar por la mejora de la calidad. Todo ello va de crear valor incremental para la empresa.
- Cambiar el negocio: en un mundo en cambio constante, identificar las áreas de transformación y aplicarlas adecuadamente marca la diferencia. Todo ejecutivo sólido debe ser un motor de cambio para la organización.

Me gusta separar estos tres aspectos durante las evaluaciones. Debes proporcionar la mayor cantidad posible de ejemplos y facilitar que la persona aporte su perspectiva para enriquecer la conversación. Aprovecha también para pedir *feedback* sobre cómo actúas tú y cuáles pueden ser tus áreas de mejora. Así enriquecerás la conversación. Adicionalmente, merece la pena añadir el debate sobre los valores de la compañía. Este es un gran ejemplo de combinación de las dimensiones de *engagement* y ejecución.

Sé radical en las mejoras

Para impulsar el alto rendimiento, cada periodo debe ser mejor que el anterior para todos. La barra de la excelencia se eleva cada año. Los clientes son más exigentes, los competidores mejoran su inteligencia de mercado, la tecnología ofrece nuevas oportunidades y las personas aumentan su eficacia, experiencia y conocimiento. Por tanto, lo que era bueno el año pasado, no es suficiente hoy. Este tema es crucial en las sesiones sobre el rendimiento. Debes ser radical cuando se trata de identificar mejoras. Tienes que explicarlo bien y que sea convenientemente entendido. Puede sonar sencillo, pero no lo es.

Hace unos años, en una evaluación de rendimiento con un director comercial, revisábamos sus resultados y las dificultades para seguir mejorando. Él me dijo: «He estado trabajando muy duro». Pero al mirar el detalle de sus números, no eran los que habíamos acordado. Trabajar duro es importante, pero no lo es todo. Él sentía que los objetivos eran cada vez más y más difíciles. «Es cierto, nuestros clientes son cada vez más exigentes», contesté, «debemos responder trabajando de manera más inteligente y siendo más efectivos. No se trata de estar más horas en la oficina o conectados. Es lo contrario, consiste en optimizar el uso del tiempo de trabajo. Puedes pedir ayuda. Pero debes ser realista. Este patrón continuará para siempre. Cada año debemos ser mejores para sostener nuestra capacidad de competir y servir a nuestros clientes. Piensa en cómo enfrentarte a este reto». Al cabo de unos días, volvimos a vernos para acordar los objetivos del nuevo año y qué necesitaría para conseguirlos.

Replica el éxito

He visto en algunas organizaciones que el gran desempeño se hace visible. Hay muchas maneras de mostrárselo al resto de la organización. Puedes nominar a un empleado del mes y poner una foto en la pared. Puedes poner unos globos en el escritorio del mejor agente de un centro de llamadas como vi en una aerolínea estadounidense hace unos años. En India, funcionó bien tener los gráficos con los resultados individuales y de equipo publicados en una pizarra.

Pero lo más importante es fomentar el reconocimiento entre pares como un hábito de equipo. Solíamos publicar mensualmente nuestros modelos que seguir. Este reconocimiento público animó a otros a aprender de ellos.

Uno de mis libros favoritos describe este importante efecto: *Contagious Success*, de Susan Lucia Anunzio, reflexiona sobre cómo es posible crear una organización de alto rendimiento impulsando la mentalidad de replicar el éxito al observar a sus mejores empleados.

Tuvimos una revisión con un gerente de los servicios de voz. Había estado haciendo un buen trabajo desde que comenzó como graduado, con la ambición de hacerlo mejor cada año. Sin embargo, también se centró en la calidad de su trabajo y quería obtener la calificación más alta, 5 de 5, en su revisión anual de desempeño. A su jefe y a mí nos gustó su energía y determinación. Sabíamos que tenía un gran potencial, pero también mucho que aprender. La industria de la voz se estaba moviendo rápidamente, volviéndose digital. Un mercado desafiante siempre trae oportunidades para aprender. Durante la revisión, su jefe, que estaba bien preparado para estas conversaciones, se centró en las cosas buenas que había desarrollado: propuestas de precios flexibles, planes de mejora de márgenes sólidos y nuevas herramientas para el cliente para facilitar el autoaprovisionamiento. Estaba orgulloso. A continuación, su jefe reflexionó sobre las áreas que necesitaba mejorar: más enfoque en el cliente, comercialización más rápida y más innovación. Le dio un 4 sobre 5. Estaba visiblemente decepcionado. Preguntó por qué no sacaba el 5. Su jefe le dijo: «Has hecho un buen trabajo. Has entregado bien lo que se esperaba de ti. Y tienes un gran talento para crecer. Sin embargo, hay cosas que puedes hacer mucho mejor».

Entonces, le recomendamos que aprendiera de otras personas, de los mejores. Le pedimos que pensara en cuatro preguntas:

- ¿Quién es el mejor en su función en su departamento?
- ¿Quién es el mejor en su tipo de trabajo en la empresa?
- ¿Quién es el mejor en su clase en el mercado?
- ¿Cuáles son los atributos, nivel de conocimiento, actitud y experiencia de los mejores en cualquiera de estos tres niveles?

Al hacer esas preguntas, estará abierto a comparar y aprender. Este tipo de *benchmarking* se aplica a la dimensión de ejecución del CEO. Debe considerar quién es el mejor en la industria, o en todas las industrias, y por qué. Complementará tu autoconciencia y las áreas con potencial de mejora. Aprendí mucho haciendo esto.

7.5 Conecta ideas y experiencias

El rendimiento no es homogéneo en toda tu empresa. Algunas unidades ejecutarán sus planes mejor que otras, logrando mejores resultados. Incluso con actividades similares, habrá equipos que podrán sobresalir más allá de las expectativas. En la mayoría de las organizaciones, resulta difícil aplicar esa capacidad de ejecución en toda la empresa. En algunos casos, depende de las personas, en otros es la forma en que el equipo trabaja en conjunto, o incluso la forma en que un grupo utiliza una herramienta de la empresa, de manera más inteligente que otros equipos. El CEO tiene una posición privilegiada, ya que puede ver estos ejemplos de brillantez y ayudar a difundirlos en el negocio. Puede participar en docenas de conversaciones y reuniones en todo el mundo, y muchos proyectos, ideas e iniciativas pasan por su escritorio. Al observar todo, puede sugerir qué elementos podrían aplicarse a otras áreas del negocio para mejorar su eficiencia. Puede identificar también la duplicación que se puede eliminar. A esto lo llamo «conectar las ideas». Fomentar el compartir como forma de mejora. Estimular la fertilización cruzada y alentar a las personas a trabajar juntas.

Anima a compartir conocimiento

El *Chief Execution Officer* es el principal testigo de un gran desempeño. Por lo tanto, puede actuar como facilitador de la colaboración. En una organización grande y dispersa, las grandes ideas podrían perderse fácilmente. El CEO y todo el equipo de liderazgo no deben subestimar su papel personal cuando se trata de impulsar a la empresa a compartir. Compartir es una actitud, una mentalidad. Siempre que encuentres algo que te guste, debes preguntar: ¿con quién lo has compartido?

Como director ejecutivo, debes impulsar de manera proactiva el uso compartido. Puedes conectar fácilmente ideas, experiencias y proyectos de éxito.

Me reuní con un equipo de finanzas en España que tenía una poderosa herramienta para calcular los márgenes de productos y servicios. Significaba que podían comprender mejor su rentabilidad, hacer ofertas más inteligentes y planificar incentivos de ventas más efectivos. Recordé que administrar los márgenes de los productos era un desafío en algunas partes de nuestro negocio latinoamericano, así que le pedí al equipo español que contactara con ellos y analizara qué se podía compartir. Resultó que podía reutilizar la mayor parte del sistema y mejoraron rápidamente sus márgenes.

Compartir es una de las herramientas más poderosas para mejorar los negocios. Debes alentarlo, pero no puede depender solamente de ti. Como gran defensor de ello, puedes predicar con el ejemplo y celebrarlo cuando suceda. Pide a tu equipo que cree herramientas y métodos que faciliten el intercambio, como una aplicación o un foro donde se puedan discutir ideas. El mejor resultado será que las personas compartan abiertamente porque quieren que a los demás les vaya bien.

ESTIMULA LA FERTILIZACIÓN CRUZADA

Compartir es la mejor forma de aprovechar tu capacidad para interconectar ideas. Da acceso a otros a proyectos y acciones que han funcionado bien en otros lugares. Puedes llevar esto un paso más allá. Las personas pueden comenzar a cocrear y construir sobre las ideas de otros. Este proceso culminará con una solución más potente aplicable en toda la empresa.

Nuestro equipo de servicios profesionales estaba compuesto por unas tres mil personas en doce países. Habían estado operando de manera aislada durante algún tiempo. Queríamos convertirlos en un equipo verdaderamente global, mientras mantenía el foco adecuado en sus mercados locales. En una de nuestras reuniones en Singapur, encontramos una propuesta que había triunfado en un cliente, brindando asesoramiento sobre la migración de servicios a la nube. Si bien teníamos ideas similares en Francia y Brasil, nadie más había elaborado una propuesta de esta calidad. Así que formamos un equipo con representantes de Singapur, Francia y Brasil, y los desafiamos a construir algo reutilizable. Tomaron la propuesta asiática como base y la alimentaron con experiencias e ideas de los demás. Terminaron con una solución más robusta, más fácil de vender y con un alto valor para los clientes.

Lo llamamos «Quick start». Decidimos aplicar la misma metodología a las propuestas dispersas que se habían construido en varios lugares. El esfuerzo conjunto de los equipos para construir algo global fue fantástico. Al final del proceso, teníamos más de 40 de estas propuestas de inicio rápido. Creamos una herramienta como asistente y configuramos una comunidad abierta en la que toda la organización podía hacer preguntas a sus colegas de servicios profesionales de todo el mundo, por ejemplo: ¿alguien ha realizado un proyecto de un centro de llamadas con tecnologías de Microsoft? Más importante aún, había una nueva forma de trabajar juntos.

Esta fertilización cruzada entre equipos puede promoverse en el diseño de productos, en la forma en que se crean las ofertas o en la manera en que se crean los servicios para los clientes. El propio CEO debe comprometerse personalmente con este proceso. En las grandes organizaciones, es fácil que cada uno se concentre en su propia área de negocios o país, y no dedicar el tiempo a cultivar los contactos para aprender o para compartir lo que les funciona a los demás. En las pequeñas, la velocidad y la agilidad pueden hacer que no se dedique el tiempo suficiente a compartir.

Decidimos fomentar la colaboración entre países lanzando un programa de rotación internacional. Escogimos a unas 40 personas —talentos— de diferentes países y les ofrecimos un proyecto de tres meses en un lugar diferente. Después de un cuidadoso proceso de selección, trabajaron en sus destinos de hospedaje. Asistí al evento de clausura de la primera cohorte y fue fascinante. Habían aprendido mucho sobre la unidad de negocio anfitriona y la compararon con la de su país de origen. Habían desarrollado una gran red de relaciones que utilizarían en los próximos años. Y trajeron nuevas ideas a ambas unidades. Lo encontré inspirador y una excelente manera de romper los límites.

USA LA CURIOSIDAD PARA ANIMAR LA COLABORACIÓN

Conectar las ideas requiere una buena comprensión del negocio. Para conseguirlo, debes mantener una curiosidad sin límites.

Estaba en Gurgaon, India, visitando nuestro centro de operaciones. Me reuní con uno de los equipos que atendía a una gran empresa global. Habían logrado la mejor puntuación en lealtad y satisfacción del cliente, y tenía curiosidad al respecto. Así que pregunté:

—¿Cómo obtuvisteis una puntuación tan buena?

—Teniendo un cliente muy satisfecho con una buena relación de trabajo.

—¿Por qué?

—Siempre hemos entregado a tiempo y les hemos proporcionado una facturación precisa.

—¿Cómo?

—Con buena información y un proceso robusto.

—¿Y cómo se soporta ese proceso?

—Construimos una herramienta simple con todos los datos de entrega y la información de facturación.

Analizamos la herramienta. Era muy potente y fácil de aplicar a otros clientes. Entonces, comenzamos a implementarlo con otros equipos y rápidamente vimos los beneficios en la percepción del cliente. Me mostró la importancia de obtener una comprensión más profunda y luego buscar oportunidades para conectar las ideas y experiencias.

7.6 REFLEXIÓN

Impulsar un alto rendimiento es una actividad clave para el *Chief Execution Officer*. Ser exigente es una parte esencial de una ejecución impecable. Algunos requisitos básicos son imprescindibles para hacerlo realidad. Pregúntate:

o ¿Cómo defines claramente las expectativas al equipo o incluso a tus colegas?

o ¿Cómo estableces objetivos bien definidos y alineados con su visión?

o ¿Cómo realizas un seguimiento del rendimiento? ¿Mirando hacia atrás o hacia adelante?

o ¿Cuándo fue la última vez que definiste las métricas clave?

o ¿Qué herramientas y técnicas utilizas para seguirlos? ¿Por qué?

o Cuando evalúas el desempeño, ¿cómo de bien te preparas?

o ¿Qué ejemplos tienes de conectar las ideas?

8

MANTÉN EL FOCO PARA EJECUTAR LA VISIÓN

8 MANTÉN EL FOCO PARA EJECUTAR LA VISIÓN

El *Chief Execution Officer* es responsable de mantener el enfoque en lo que importa. Esto significa impulsar las actividades críticas que harán realidad la visión y olvidar otros caminos. Es fácil distraerse: llamadas inesperadas, incidentes, reuniones no planificadas, correos electrónicos urgentes o cambios en el mercado. La disciplina de mantenerse enfocado será esencial para asegurar una ejecución exitosa.

Para mantenerse enfocado, debe priorizar, simplificar, mantener la calma, delegar y estar listo para asociarse.

8.1 PRIORIZA

El tiempo, como ya he indicado, es tu recurso más escaso. Decidir dónde emplear el tiempo es tu decisión más importante. Vivimos en un mundo siempre activo. Recibimos noticias cada segundo, a través de múltiples canales, y con frecuencia se nos pide que respondamos. Decidir qué hacer primero y qué dejar para después es un desafío. Me he encontrado, en varias ocasiones, impulsado por mi calendario y no por mis decisiones sobre lo que era una prioridad. Así que decidí hacer tres cosas:

- Consultar constantemente mi plan inicial para verificar y revisar las prioridades;
- Diferenciar entre lo urgente y lo importante;
- Aprender a decir no.

Planifica tus primeros días

Por supuesto, para poder hacer referencia a tu plan inicial, necesitas un plan. Es posible que hayas leído *Los primeros 90 días*, de Michael Watkins. He usado este texto varias veces en mi carrera. Me gusta porque se puede aplicar a cualquier trabajo, ya sea nuevo o simplemente aquel en el que necesites una nueva perspectiva.

Debes crear tu propio plan personal y ceñirte a él. Es posible que debas ajustarlo o modificarlo, pero asegúrate de tenerlo como tu guía personal. Puede ser para tus 90 días o 100 días, no importa, siempre que contenga esas actividades imprescindibles. Pon tantos detalles como sea posible. Hazlo personal. Debe ser tu plan, no el plan para la empresa o para tu equipo.

Cuando me nombraron CEO por primera vez, diseñé un plan de 90 días. Incluía elementos en los que tenía que actuar y en los que decidí centrar mi atención:

- El equipo. Fue clave conocerlo, sus ambiciones y sus planes; evaluar sus capacidades y si estábamos listos para trabajar juntos. Tenía que saber rápidamente los cambios que tenía que hacer. Mantuve largas reuniones individuales.
- Los clientes. Necesitaba saber quiénes eran los principales clientes, las oportunidades más importantes que ganar y los temas clave que abordar. Decidí llamarlos personalmente, y organizar reuniones para revisarlos.
- Las finanzas. Tenía que entender cómo de sólidos eran los planes, los riesgos a mitigar y el marco temporal de actuación. Tuve que decidir cómo equilibrar los objetivos a corto plazo con el desempeño sostenible a largo plazo.

También revisé varias áreas, como la cartera de oportunidades futuras y el nivel de servicio. Visité países y equipos de diferentes unidades. Me comprometí con el consejo y otros agentes externos, como inversionistas, periodistas y analistas. Como parte del plan de los primeros 90 días, establecimos la articulación de la visión como una prioridad.

Usé este plan como una referencia clave a lo largo de los siguientes meses. Valió la pena dedicar tiempo de calidad a su confección.

Separa lo urgente de lo importante

Un plan sólido debe ser tu guía para la ejecución. Sin embargo, cuando seas designado, tu bandeja de entrada estará llena de felicitaciones, mensajes de bienvenida, ideas y solicitudes urgentes. Esas podrían ser grandes oportunidades para tomar el pulso de la organización siempre y cuando te mantengas enfocado. Me tomó un tiempo diferenciar entre lo importante y lo urgente.

Recibí un correo electrónico de un líder de marketing con el asunto: «Decisión urgente». Como era nuevo en el trabajo, no quería perderme ningún problema importante, así que comencé a leerlo. Había una presentación de PowerPoint adjunta de 20 páginas. Cuando lo revisé, me di cuenta de que sí era urgente: teníamos que aprobar el lanzamiento de un producto para que pudiera desarrollarse a tiempo para cumplir con la fecha acordada. Sin embargo, era urgente para la persona que tenía que entregarlo. No tenía ni idea de si era fundamental para la empresa o no. Y, de hecho, cuando profundicé, no lo era. La urgencia era para él, no para mí. Con ese texto en el asunto del correo electrónico era como el remitente quería captar mi atención, y funcionó. Aprendí que la urgencia es subjetiva y debes enseñarle a tu equipo a usarla correctamente. De lo contrario, solo prestarás atención a los que gritan más fuerte.

Si algo es urgente, debes decidir y luego ejecutar rápidamente. Si algo es importante, debes dedicar tiempo de calidad a analizarlo y resolverlo en consecuencia.

Aprende a decir NO

Tomar decisiones e implementarlas es la forma en que tendrás un impacto real. Para mantener el enfoque en lo crítico, debes desarrollar una habilidad rara: aprender a decir no. Decir no es fácil. Decir no a las cosas correctas es más difícil. Una organización que puede decir que no de manera inteligente es más fuerte. Reduce el tiempo perdido en actividades o discusiones equivocadas. Tu equipo debe sentirse capacitado para hacerlo.

Conocí a nuestro equipo en Dubái y estuvimos discutiendo cómo ser más eficientes. Se quejaron de la cantidad de informes que tenían que preparar. En la mayoría de los casos, las solicitudes venían con un mensaje: «Luis ha pedido este informe». Me gusta usar la información y los datos como una forma de entender el negocio y tomar mejores decisiones. Pero siempre he tratado de usar informes que ya existen, para evitar que se pierda el tiempo de las personas. Entonces, les dije que podían decir que no si pensaban que la solicitud no tenía sentido y no se les había explicado por qué era necesaria. De hecho, me comprometí a pedir únicamente información o informes que las personas necesitaran para hacer su trabajo correctamente.

Decir no a los proveedores también ayuda a la relación. Tuve una conversación con el director de una empresa de *software* que intentaba vender su producto. Querían hacer un piloto con nosotros, pero no era una prioridad para nosotros. Nuestro equipo estaba tratando de ser cortés, pero esto estaba retrasando la discusión. Entonces, cuando dijimos claramente que no lo íbamos a hacer, pudimos seguir adelante. Dejamos de perder el tiempo en ambos lados y comenzamos a buscar otras oportunidades para colaborar.

Decir que no rápidamente es fundamental para mantener la concentración.

8.2 Simplifica

La simplificación es un enfoque natural para cualquier nuevo CEO. Las organizaciones tienden a aumentar su complejidad con el tiempo. Los departamentos se crean para apoyar proyectos o ideas, y al final del proyecto nos olvidamos de cerrar el departamento. Aparecen iniciativas duplicadas en torno a las nuevas tecnologías. La integración de adquisiciones no siempre es tan inteligente como se pretendía inicialmente. El resultado es un grado creciente de entropía. Ello provoca un costo adicional, no solo en recursos, sino también en la cantidad de esfuerzo para superar la burocracia que genera. Cuando las empresas atraviesan periodos de crisis, hay un fuerte enfoque en la reducción de costes. La simplificación es un buen método. Sin embargo, siempre existe el riesgo de que aparezcan «unidades de control» en todas partes, para mantener el control de la simplificación.

Para impulsar una iniciativa de simplificación sólida, debes eliminar todos los esfuerzos innecesarios que se realizan en la organización, debes generar confianza e impulsar una estructura más simple de las unidades operativas y de soporte.

ELIMINA EL TRABAJO INNECESARIO

Me gusta el enfoque de Amazon de «actuar como una empresa del día 1». Una de sus ambiciones es evitar la mayor parte de la carga de una empresa grande y compleja. Las empresas que han construido estructuras durante muchos años pueden terminar con varios niveles de organización y, accidentalmente, mantener unidades que respaldan una estrategia anterior que ya no es relevante. Mantener la disciplina de limpiar constantemente un negocio es difícil. Por lo tanto, siempre hay una oportunidad para que un recién llegado lo haga. Y se puede hacer independientemente de si ha ascendido internamente o viene de fuera de la empresa.

Esto me recuerda una de mis primeras conversaciones con Claire Williams y su equipo. Claire es hija de Frank Williams, el brillante piloto de Fórmula Uno, fundador del equipo de carreras Williams F1 y todas sus actividades asociadas. Estaban impulsando una gran transformación en la forma en que construían sus automóviles, desde el diseño hasta la ejecución. El nuevo talento era clave para ello, y trajeron a Graeme Hackland como CIO. Siempre me sentí inspirado escuchándolos. Una de las mejores historias que contaron fue sobre el enfoque. Mantener el foco en todo y no distraerse. Decidieron «parar cualquier actividad que no estuviera enfocada a hacer que el coche fuera más rápido». Me encantó.

Me preguntaba cuántas veces hacemos cosas sin un propósito claro. Seguía preguntándome ¿fuimos lo suficientemente rigurosos al detener cosas que no estaban «haciendo que nuestro automóvil fuera más rápido»? Esto aplica a cualquier tipo de negocio, independientemente de qué sea «el automóvil» y de la métrica de rendimiento que equivalga a «ir más rápido». Como respuesta a mi pregunta, confirmé que todavía teníamos actividades que se solapaban o estaban duplicadas y que aún estábamos gastando tiempo y esfuerzo en actividades innecesarias. Es una buena técnica de reflexión aplicable a cualquier empresa.

CONSTRUYE CONFIANZA

En algunos casos, la complejidad está ligada a la creación de demasiadas unidades de control, cuyo objetivo principal es controlar la actividad. Cuando las empresas pasan por momentos difíciles, se protegen creando estos departamentos. Hay dos riesgos con esto. Primero, crear complejidad y costes adicionales, lo que podría ralentizar toda la organización si el poder de esas unidades crece demasiado. En segundo lugar, generar una falta de responsabilidad a la hora de rendir cuentas, ya que algunas personas pueden operar pendientes de esas unidades de control.

Una excelente manera de simplificar es asignar una fuerte responsabilidad a los jefes operativos, confiar en ellos, crear controles claros y aplicar la gestión de consecuencias.

Después de adquirir una empresa, descubrimos que tenía una sólida estructura de supervisión. Estaban revisando y controlando cada pedido firmado por sus equipos de ventas. Su objetivo era asegurarse de que la valoración era correcta. Los equipos de ventas también tenían su propia unidad haciendo esto, para asegurarse de que cuando la unidad de control los cuestionara, pudieran mostrar sus propios cálculos. Fue un claro ejemplo de desconfianza mutua y, en consecuencia, duplicidad. Cambiamos el proceso para que solo se revisaran unas pocas muestras, y establecimos una sólida gestión *a posteriori* para quienes se equivocaran en la información. Dejamos claro que la responsabilidad de proporcionar datos precisos era del equipo de ventas. Ahorramos tiempo, dinero y esfuerzo, aseguramos un buen gobierno y empoderamos a nuestra gente para hacer su trabajo correctamente.

La confianza es un instrumento poderoso para impulsar la agilidad en los negocios. Se puede respaldar fácilmente con el nivel adecuado de controles, que deben ser independientes, rigurosos y paralelos al negocio. El buen gobierno con varias líneas de defensa, fuertes equipos de auditoría interna y externa y un liderazgo visible también puede ser simple. Descubrí que el CEO, en su dimensión de ejecución, debe demostrar el aspecto no negociable de una gobernanza sólida. Tu comportamiento inspirará el comportamiento de los demás.

TEN UNA ORGANIZACIÓN MÁS SIMPLE

La complejidad se desarrolla con el crecimiento, expansión y globalización de los negocios. Se crean nuevos roles sin asegurarse de que sean claramente distintos de los existentes. Las descripciones de los puestos de trabajo no siempre definen los alcances lo suficientemente bien. Esto sucede aún más cuando aparecen nuevas funciones o tecnologías. En este escenario, es fácil crear capas de administración adicionales dentro de esas nuevas funciones. Debe existir un custodio del modelo organizacional que restrinja la aparición descontrolada de puestos o funciones que no sirvan al modelo.

Cuando comencé como CEO, revisamos todos los trabajos y funciones en toda la empresa. Creamos una especie de sala de guerra donde fijamos todos los organigramas de alto nivel de toda la empresa. Al visualizarlo, obtuvimos una mejor perspectiva de la organización. Cerramos unidades que estaban haciendo trabajos duplicados. Descubrimos varios trabajos que no estaban definidos con suficiente claridad y consolidamos múltiples funciones en una sola. Al reunir equipos que se encontraban en ubicaciones pequeñas y dispersas, mejoramos los procesos y nos volvimos más ágiles. Nos llevó seis meses ejecutar el plan. Me di cuenta de lo importante que es seguir preguntándose cómo de simple es la configuración de la organización y si todos los trabajos deberían existir.

8.3 Mantén la calma

Como director ejecutivo, siempre te enfrentarás a problemas y desafíos. La capacidad para lidiar con ellos estará determinada por la forma en que reacciones. El pánico es tu peor enemigo. La resiliencia es la habilidad central que necesitarás desarrollar. Me gusta el poema de Rudyard Kipling *Si*. En particular, las líneas «Si puedes mantener la cabeza tranquila cuando todos a tu alrededor están perdiendo la suya...» y «Si puedes encontrarte con el triunfo y la derrota y tratar a esos dos impostores por igual...». Lo usé como inspiración durante muchos años y lo sigo usando.

Me he encontrado con el fracaso en muchos momentos de mi vida. Fueron situaciones en las que también aprendí mucho. Mi principal consejo es mantener la calma y concentrarse en la acción. Primero evalúe el impacto y luego reaccioné rápidamente en las áreas más afectadas con planes claros. Luego, trabajé en las causas fundamentales, lo que lleva más tiempo. Finalmente, busqué crear una cultura de aprendizaje, no de culpa.

Evalúa el impacto

Los problemas pueden variar desde fallas técnicas y cambios regulatorios hasta un ataque de ciberseguridad y desafíos internos inesperados.

Es muy importante evaluar el impacto antes de forzar una reacción descontrolada. Esto te permitirá comprender mejor lo que está sucediendo, para que puedas actuar con rapidez. La velocidad de respuesta debe incluir una estrategia de comunicación. Si hay implicaciones para el cliente o el mercado, necesitas un plan sobre cómo explicar lo que sucedió y las acciones que se tomaron. Hemos sido testigos de cómo los CEO que comunican demasiado pronto, sin la información adecuada, ponen en riesgo su credibilidad. Solo es necesario mantener la calma.

Hace muchos años, construimos un plan de mercado para lanzar un operador de red virtual móvil. El plan de negocios era sólido. Se basaba en el marco regulatorio existente como una de sus hipótesis. Tres meses después de su lanzamiento, la autoridad regulatoria decidió cambiar las tarifas de interconexión. Puso el plan de negocio en riesgo. Reconsideramos la oferta que estábamos haciendo. Los márgenes se vieron muy afectados y nos vimos obligados a reducir las ambiciones del plan. Nuestro registro de riesgos no era lo suficientemente bueno y no estábamos lo suficientemente bien preparados. Sin embargo, era importante observar el impacto y minimizar el daño a corto plazo, mientras se preparaba una nueva estrategia a más largo plazo. Pasamos algunos momentos tensos, pero era importante mantener la calma.

Los temas más difíciles son aquellos que generan un gran impacto en el servicio a los clientes, ya sea una interrupción a una gran población de consumidores, o un apagón completo en un solo cliente. En ambos casos, la resolución es la prioridad. Tu papel en este caso es permitir que el equipo trabaje en el problema, organizando llamadas de conferencia de emergencia para mantenerlos coordinados.

En una entidad de servicios financieros, teníamos programado un cambio para instalar un nuevo certificado de seguridad. Todo se veía bien el domingo por la noche. Pero a la mañana siguiente algunos servicios de banca electrónica no funcionaban. Recibimos la alerta y el equipo se movilizó para ver los detalles. Después de unas horas, encontraron el fallo y quedó solucionado. Mantuve contacto directo con los ejecutivos del cliente y me aseguré de que los recursos estuvieran disponibles para el equipo que solucionaba el problema. Recordé de mi época como ingeniero que el CEO, en esos momentos, solo podía hacer una cosa útil: llevar pizza a los expertos que trabajaban en el incidente.

Ataca la raíz de los problemas

Mantener la calma en primera instancia debe complementarse con una práctica sólida para encontrar las causas fundamentales de los problemas. Comprender sistemáticamente el origen de los problemas debe formar parte del ADN de cualquier empresa.

Establecimos reuniones de servicio semanales para abordar esos problemas. Usamos tres preguntas consistentemente:

- ¿Conocemos la causa raíz del problema? En ocasiones podrías distraerte con los síntomas, sin ir más lejos. Al igual que en la salud, la temperatura alta o la tos son solo síntomas, y es mejor ir tras la causa raíz de la enfermedad.
- ¿Tenemos un plan para abordarlo? Comprender las causas fundamentales es clave, pero debe crearse un plan bien definido para resolverlas. Un plan debe tener actividades, responsables y escalas de tiempo.
- ¿Estamos ejecutando el plan? Tener un plan no es suficiente si no se han asignado los recursos, sistemas o herramientas necesarios para ejecutarlo.

Hacer esto creó sistemáticamente una cultura de comprensión y enfoque en la ejecución. Ayudó a todos a prepararse para responderlas.

Desarrolla una cultura de aprendizaje, no de búsqueda del culpable

En todos esos momentos difíciles, existe una tentación: averiguar quién tiene la culpa. El CEO puede crear un entorno que lo evite. Es importante saber dónde recae la responsabilidad y hacer que la gente rinda cuentas. Sin embargo, el enfoque debe estar en las lecciones aprendidas. Tú estableces el tono desde arriba. Pasar el tiempo señalando a los miembros del equipo es una pérdida de tiempo. Incluso podría alentar a las personas a esconderse detrás de excusas o culpar a elementos externos. Cuanto más puedas registrar las lecciones aprendidas y cómo difundir el aprendizaje en toda la empresa, mejor.

Al comienzo de mi carrera, trabajé con un líder que, la mayor parte del tiempo, se concentraba en descubrir quién era el culpable. Creó un ambiente de miedo y falta de confianza. Nadie quería asumir ninguna responsabilidad, y terminó siendo el único responsable de toda la organización. Era un círculo vicioso. Cuando aparecían nuevos problemas, necesitaba culpar a más personas. La ansiedad también hizo que las personas fallaran con más frecuencia, ya que tenían menos confianza. No aprendimos nada, ya que las causas fundamentales nunca se identificaron ni se abordaron. El fracaso se convirtió en un drama personal, en lugar de una fuente de experiencia corporativa y conocimiento incremental. Aprendí en ese momento cómo no lidiar con el fracaso.

Más recientemente, trabajé con líderes enfocándome en entender por qué sucedieron las cosas. Por supuesto, la gente rindió cuentas y se tomaron medidas duras. Sin embargo, la atención se centró en evitar que sucediera de nuevo en otros lugares. La frustración y la decepción se compartieron abiertamente, con un claro mensaje de mirar hacia adelante. Pusimos en marcha los planes para evitar que volviera a suceder. Aprendí la relevancia de equilibrar la dureza con la determinación para aprender a prevenir problemas futuros.

8.4 Delega

No tendrás tiempo para ocuparte de todo lo que ocurre en tu empresa. Por tanto, debes delegar responsabilidades y decisiones a tu equipo. Esta es la gestión del empoderamiento del equipo que planteamos antes. Te proporcionará el ancho de banda de gestión necesario para centrarte en tus propias responsabilidades y decisiones; aquellas que tu posees de manera única. Debes decidir cuáles sustituir. Una excelente manera de asignar decisiones es poner tantas como sea posible más cerca del cliente. También puedes crear mini-CEO, como describiré más adelante, que pueden adquirir habilidades de liderazgo al tener una mayor responsabilidad. Sin embargo, significará que tú y todo el equipo deben dominar la gestión de riesgos al delegar la autoridad en cascada.

Lleva las decisiones cerca del cliente

Tu ancho de banda de gestión es menor de lo que piensas. Puedes sentir que tu conocimiento y experiencia te califican para tomar mejores decisiones que aquellos que están en contacto directo con clientes o empresas locales. Desafortunadamente, eso no es cierto. Y si es cierto, tienes el equipo equivocado. Por supuesto, podrías perder fácilmente tu tiempo aprobando vacantes para nuevos trabajos o cuestionando un descuento para un cliente. Pero debes mantenerte enfocado en el panorama general.

Habíamos establecido un conjunto de controles rigurosos en torno a la contratación de nuevas personas, para evitar la contratación innecesaria. Entonces, si alguien quería contratar para un puesto, tenía que enviar el caso de negocio a un equipo de filtrado central, sin importar en qué parte del mundo se encontrara. Este equipo decidiría si el nuevo puesto estaba suficientemente justificado. Después de unos meses, nos dimos cuenta de que el equipo central no tenía suficiente contexto para tomar decisiones. Entonces, para cada trabajo, debían regresar a la unidad solicitante para discutirlo y comprenderlo mejor. Recuerdo una discusión sobre un rol de ventas en Argentina. Después de tres semanas de ir y venir, le devolvimos la decisión al gerente del país. Conocían su entorno empresarial mejor que nadie en la unidad central. Decidimos que era mejor dejar que cada unidad juzgara los recursos que necesitaba. A cambio, potenciaríamos su responsabilidad sobre el resultado de sus objetivos comerciales.

He escuchado discusiones similares sobre si los agentes del centro de llamadas deberían o no ofrecer ofertas especiales o pagar descuentos. Es importante decidir dónde colocar el umbral de la responsabilidad en la toma de decisiones. Pero aprendimos que se ahorra más dinero al colocar la responsabilidad en el campo, en lugar de tener un proceso de aprobación complicado. La satisfacción del cliente también creció debido al cambio de política aumentando la delegación de autoridad al *front-end*.

CREA MINI-CEO

La delegación de autoridad no solo te ahorrará tiempo. También ayudará al equipo a entender lo que significa ser CEO. Puedes identificar áreas de especialización que deseas que tu equipo domine y atribuírselas para que las gestione bajo su responsabilidad directa.

Un gran ejemplo de delegación es la dirección comercial: responsabilidad de realizar ofertas y gestionar márgenes, negociación con proveedores, contratación, gestión de recursos, reestructuración de equipos, lanzamiento de servicios y campañas de marketing. Las cuentas de pérdidas y ganancias (P&L) reales o virtuales se pueden utilizar para evaluar la calidad de las decisiones. El aprendizaje que se produce en el puesto de trabajo puede ser más poderoso que cualquier curso y así mejorarás la forma en que responden a los desafíos.

Creamos puestos de administración de grandes cuentas, como un trabajo de mini-CEO. Eran responsables de la cuenta de pérdidas y ganancias y de la relación con el cliente. Tuvieron que encontrar nuevas oportunidades para hacer crecer el negocio, mejorar la eficiencia y la base de costes que aumentasen los beneficios, asegurar niveles adecuados de recursos, controlar la calidad del servicio, establecer registros de riesgo y consolidar una gobernanza sólida en sus contratos. Algunos de ellos sufrieron al enfrentarse a un rango tan amplio de responsabilidades. Sin embargo, fue una formación fantástica para aquellos que realmente querían convertirse en CEO en el futuro. Nos dio visibilidad de los futuros líderes del negocio y pudimos contrastar sus capacidades en un entorno delimitado. Algunos de ellos tuvieron éxito y progresaron. Aprendí sobre el poder de delegar y empoderar.

DOMINA LA GESTIÓN DE RIESGOS

La delegación es también una oportunidad para reforzar una capacidad crítica en las empresas actuales: la gestión de riesgos. La gestión del riesgo como parte de los procesos de toma de decisiones puede ser un diferenciador. Las organizaciones que hacen bien la evaluación de los riesgos están mejor preparadas cuando se trata de tomar decisiones. Debes comenzar por identificar los riesgos e inventariarlos en un registro de riesgos. Debes considerar dos aspectos clave: la probabilidad de que ocurra un evento y su impacto potencial. Es muy útil situar la lista dentro de un cuadrante con los dos ejes, y luego decidir las prioridades.

Una vez que tengas cada riesgo individual, puedes definir el apetito para asumir ese riesgo y las acciones de mitigación que se deben tomar para minimizarlo.

Cuando apoyamos la implantación de una mayor delegación de autoridad en algunas unidades, también lanzamos una campaña para crear y administrar registros de riesgo en todo el negocio. Consideramos que la gestión de riesgos es una herramienta crítica para mejorar el funcionamiento del negocio. Sin embargo, nos tomó algún tiempo integrarla completamente en toda la organización. Por ejemplo, cuando solicitamos el registro de riesgos en la revisión de un contrato, la lista solo contenía dos elementos. La lista era tan corta porque el equipo no creía que valiera la pena mencionar el resto. Sin embargo, el impacto potencial de algunos de estos riesgos más pequeños fue enorme. Consideraron que la probabilidad era pequeña, por lo que no habían tomado ninguna medida atenuante para cubrir un riesgo regulatorio tan significativo. La práctica adecuada habría sido registrarlo y estar preparado. Después de unos meses, se convirtió en una práctica normal discutir los riesgos individuales en reuniones de gestión o revisiones de contratos. Como líder, debes establecer el tono desde arriba. Con solo preguntar sobre los riesgos y discutir los planes de mitigación, toda la organización se dará cuenta de su importancia.

8.5 Aprende a asociarte

Mantenerse enfocado también significa establecer el núcleo de qué harás directamente y que no harás. Ello no significa que no puedas proporcionar ciertos servicios a tus clientes. A cambio, debes decidir lo que hará tu organización y lo que proporcionarás con el uso de terceros. De esta manera, te enfocarás en lo que eres mejor y comenzarás a tratar a tus proveedores como verdaderos socios. La tecnología es cada vez más un juego de ecosistemas. Las empresas eligen compartir desarrollos y lanzar productos juntos. Liderar el ecosistema puede ser una oportunidad de negocio, e incluso una ventaja competitiva al aprovechar una buena parte de la industria para crear valor para su organización.

Establece tu núcleo

Cuando te plantees cualquier actividad de desarrollo hay tres estrategias posibles: construir, comprar o asociarse.

Puedes optar por construir un nuevo sistema de información o un nuevo producto. La decisión de hacerlo internamente se basa en lo cerca que está del negocio principal de la empresa. Desarrollar una capacidad normalmente lleva tiempo y debe asociarse con la creación de valor que estás buscando.

Comprar te ofrece la posibilidad de adquirir una competencia más rápido. Pero puede tener un coste más alto a corto plazo, por lo que debes tomar una decisión estratégica sobre el elemento que deseas agregar y cómo de cerca está del negocio principal. Entonces solo es cuestión de hacer un plan de negocio para ver si es mejor construir o comprar.

Esas dos estrategias mejorarán y desarrollarán tu núcleo de actividad. Deberás dedicar tiempo a definir ese núcleo. Debe estar vinculado a la visión.

Asociarse con terceros es ligeramente diferente. La asociación debe usarse cuando sus capacidades sean necesarias para que tu negocio tenga éxito, pero no son imprescindibles como elementos de la visión. Será complementaria para las ofertas básicas de tu empresa. Por lo tanto, la asociación inteligente es una consideración clave en la dimensión de ejecución del CEO.

Nuestra visión de soluciones *cloud of clouds* estaba ganando terreno en el mercado. Un buen número de analistas y clientes estaban entusiasmados con la oportunidad inspiradora que nuestra propuesta les estaba brindando. Pero necesitábamos el pleno apoyo de otro grupo clave: nuestros socios.

En una industria que evoluciona tan rápido, la asociación requiere intimidad, conocimiento y colaboración abierta. Nos asociamos con actores globales conocidos, como Cisco, por sus equipos críticos de red; EMC por sus mayores capacidades en la nube o Nokia por sus soluciones de redes virtuales. Nuestra tarea era seguir aprendiendo sobre sus áreas de inversión y cómo podíamos trabajar con ellos para proporcionar las soluciones que los clientes demandaban. Hicimos un mapa con todos sus productos y servicios, definimos las áreas que queríamos construir nosotros mismos y decidimos con quién necesitábamos asociarnos para completar nuestra visión. Nos ahorró tiempo y nos permitió mantenernos enfocados.

Construye asociaciones, no relaciones con proveedores

Un proveedor es alguien a quien compras un producto bajo un conjunto de términos y condiciones. Necesitarás proveedores para una parte significativa de tus operaciones. Una sólida planificación del proceso de compras te permitirá optimizar la forma en que operas con ellos. Pero, en ciertos casos, es posible que necesites una relación más estrecha con algunas de estas empresas.

Te puede permitir conocer de antemano qué nuevas características agregarán a sus productos. Incluso podrías influir en qué funciones formarán parte de su hoja de ruta. O tal vez desees cocrear algunas soluciones incluso compartiendo inversiones. Deberás revelar tus propios planes para asegurarte de que la colaboración sea exitosa. Podrías compartir recursos, asignando personas temporalmente a la otra empresa. Esto es verdadera asociación. Y es fundamental en mercados complejos y en rápida evolución.

Trabajando con socios, aprendí a tener en cuenta algunas cosas:

1. ¿Por qué debería asociarme? Identifica el área de especialización del socio que aporta valor a tu negocio y tus clientes.
2. ¿Dónde están invirtiendo? Esto debería asegurarte que sus inversiones están en línea con tu visión y que están comprometidos con tu visión.
3. ¿Cómo te involucrarás con ellos? Definir qué productos, recursos o inversiones están implicados en el acuerdo de asociación.
4. Y finalmente, ¿por qué quieren asociarse contigo? Esto te dará una idea clara de la fuerza de la asociación.

Debatíamos la evolución de nuestras soluciones. Queríamos desarrollar más potencia de procesamiento y capacidad de almacenamiento en la nube. Los líderes del mercado ya habían estado invirtiendo y desarrollando propuestas en sus servicios web. Analizamos si tenía sentido o no que compitiéramos con ellos. La respuesta fue no. La cantidad de dinero que habían invertido y la escala que estaban alcanzando se encontraban lejos de nuestras ambiciones. Entonces, decidimos establecer un modelo de asociación. Analizamos las capacidades que exigían nuestros clientes y cómo podíamos responder con las nuevas relaciones. Establecimos un marco operativo para integrar nuestros servicios con los principales proveedores de nube. Para ellos, era una propuesta sólida de lanzamiento al mercado para grandes empresas. Y nosotros terminamos con una oferta más rica que marcó la diferencia para nuestros clientes.

APROVECHA EL ECOSISTEMA

El *Chief Execution Officer* puede utilizar la asociación para crear nuevos modelos operativos. En la mayoría de las industrias, existe una gran interrelación entre las empresas que trabajan en diferentes campos. Algunos son competidores, y otros colaboran. La industria de servicios financieros es un gran ejemplo. Hay empresas que utilizan tecnologías para desarrollar propuestas de servicios financieros, llamadas *fintech*. Alguien podría aprovechar el poder de esos jugadores creando un mercado donde puedan ofrecer sus productos. Si fuera un entorno de confianza, atraería a los clientes y socios de esas *fintech*, lo que haría que el ecosistema fuera más rico. Cuanto mayor fuera el número de miembros, mayor sería el valor creado.

Teníamos una red líder de servicios financieros en la nube. La usamos para crear un modelo de asociación único en la industria. Más de dos mil aplicaciones y varios miles de socios operaron en un entorno seguro. Las nuevas empresas podían llevar sus soluciones al mercado. Ofrecer una plataforma abierta facilitó la incorporación de nuevos servicios y su consumo. Habría sido imposible para cualquier empresa crear un conjunto tan amplio de soluciones desde cero. Sin embargo, el poder del ecosistema lo hizo posible, incluso para empresas competidoras. Aprendí que si te mantienes enfocado, puedes crear, desarrollar y utilizar asociaciones para fortalecer tu negocio principal.

8.6 Reflexión

En este capítulo, hemos discutido la importancia de mantenerse enfocado para maximizar tu dimensión de ejecución.

- o ¿Cómo defines tus prioridades?
- o ¿Cómo trabajas con tu equipo para mantenerte enfocado en las áreas críticas y evitar distracciones?
- o ¿Cuál fue la última crisis que tuviste y cómo la enfrentaste?
- o ¿Cuánto delegas para ahorrar tiempo para ti?
- o ¿Tienes claro qué es fundamental y qué no lo es, para que puedas elegir con quién asociarte?
- o ¿Cómo trabajas con tus socios? ¿Cómo diferencias las relaciones de proveedor de las de asociación?

SÉ EL CAMBIO

9. SÉ EL CAMBIO

El *Chief Execution Officer* debe ser el principal agente de cambio de la organización. En cualquier negocio, siempre existe la necesidad de mejorarlo impulsando una cierta transformación. Cada CEO tendrá que encontrar qué tipo y nivel de transformación se requiere para implementar la visión y enfrentarse a los desafíos de un mercado en constante cambio. Una parte sustancial del éxito de cualquier plan es tener al máximo líder de la organización como patrocinador principal. Debe ser audaz y liderar al equipo para ajustarse, competir y optimizar sus operaciones en ese entorno cambiante. El CEO, en esta dimensión, debe crear las condiciones para facilitar el cambio, definir las modificaciones que son necesarias y ser atrevido en su implementación. También debe comprender el contexto del mercado en el que el cambio es una oportunidad. Finalmente, debe crear un espíritu de renovación, fresco, innovador y ágil. Como si su negocio fuera una *start-up*.

Los líderes de grandes compañías como Telefónica se enfrentan también al mismo reto de cómo gestionar el cambio. José María Álvarez-Pallete, su presidente ejecutivo, lo ha compartido en múltiples ocasiones. Ello le ha llevado desde reinventar su negocio, desplegando sólidas infraestructuras combinadas con nuevas tecnologías y fuentes de ingresos diferentes, hasta potenciar la incubación de nuevas compañías. El cambio se plantea desde la perspectiva del cliente, con una visión holística que incluya la rentabilidad financiera, la motivación de la organización, la presencia multinacional, las alianzas, así como aspectos regulatorios, éticos y humanísticos. Un entorno complejo que obliga al líder a ser el verdadero motor del cambio.

9.1 Crea el entorno para el cambio

Las personas, en general, son reacias a salir de su zona de confort. Están dispuestas a admitir que el cambio es necesario, pero no están listas a cambiar ellas mismas. El cambio genera incertidumbre y riesgo, y se requiere un indudable esfuerzo para afrontarlo. Por lo tanto, la necesidad de cambio debe ser explícita, el líder debe estar preparado para liderar desde la primera línea y estar abierto a ser desafiado. Debe averiguar dónde están las potenciales resistencias y quiénes pueden ser aliados en el proceso. Los agentes de cambio, ubicados en distintas unidades de la organización, serán fundamentales para la ejecución de esos planes de transformación.

Tendrás que luchar contra la memoria corporativa. A las personas les gusta hacer las cosas de la misma manera que siempre las han hecho. Y los veteranos a menudo dirán que «lo intentaron antes y no funcionó», lo que para ellos es una justificación para no volver a intentarlo. Descubrí que, a veces, es bueno olvidar.

Establece la necesidad del cambio

Cualquiera que sea la razón del cambio, ya sea por un bajo rendimiento empresarial o por la necesidad de adaptarse a las nuevas condiciones de mercado, debe ser clara y visible para las personas de tu organización. El 70 % del cambio empresarial fracasa porque la organización no ha estado lo suficientemente involucrada en el proceso de cambio.

Explicar las razones del cambio requiere un esfuerzo conjunto de tus dimensiones como *Chief Engagement Officer* y *Chief Execution Officer.*

Conocí al CEO de una empresa química que acababa de ser nombrado para el puesto. Su principal desafío era mejorar la rentabilidad para asegurar un negocio sostenible. Tuvo conversaciones individuales con su equipo directo. Algunos de ellos reconocieron el hecho, pero otros culparon al mercado, a los proveedores e incluso a otras funciones de la propia empresa. Fue lo mismo cuando organizó charlas con el siguiente nivel hacia abajo en la compañía. Se dio cuenta de que iba a ser más difícil de lo que había pensado. Había una falta total de conciencia del nivel de cambio requerido. Organizó que los dos niveles superiores de la organización, alrededor de cien personas, se reunieran en un evento fuera de la oficina. Apagó las luces de la sala. En completa oscuridad, comenzó a compartir los hechos brutales. La gente comenzó a sentirse incómoda. No les gustaba la falta de luz. Él dijo: «Esto es exactamente donde estamos ahora. No tenemos visibilidad de hacia dónde vamos. Todos vinimos aquí hoy pensando que todo estará bien, pero, de hecho, estamos perdidos. Os necesito a todos al cien por cien. Va a ser difícil. Quienes no estéis listos para embarcaros en este viaje, es mejor que lo dejéis cuanto antes». Seis meses después, solo la mitad del equipo original seguía allí. Los que siguieron se las arreglaron para realizar la transformación necesaria y avanzar por una senda de crecimiento rentable.

Hacer que la gente entienda la necesidad de cambio es difícil. Hay muchas razones para ello.

Tal vez necesites un mayor nivel de beneficios. Los niveles de rentabilidad producidos por tu negocio deben ser atractivos para la comunidad inversora. Por lo tanto, tu empresa debe proporcionar rendimientos más altos que otras alternativas para los inversores. Será una cuestión de supervivencia como empresa.

O quizás el panorama de la competencia se ha vuelto más desafiante. Los clientes deciden qué empresas tendrán éxito con sus decisiones de compra. Si tus competidores están proporcionando un mejor servicio, tienen ofertas más atractivas o mejores propuestas, tendrás un problema. Cuando nuevos jugadores aparecen en el mercado con ofertas disruptivas, el equipo debe comprender que sus trabajos podrían estar en riesgo. Thomas Friedman lo describió bien:

«Cada mañana en África, una gacela se despierta. Sabe que debe correr más rápido que el león más rápido, o será cazada. Cada mañana un león se despierta. Sabe que debe correr más que la gacela más lenta, o morirá de hambre. No importa si eres un león o una gacela. Cuando salga el sol, será mejor que empieces a correr».

Significa que solamente entender la necesidad de cambio no es suficiente. Necesitas crear un sentido de urgencia. Si existe una necesidad real de ello, debe hacerse rápidamente. Los pequeños gestos también pueden ayudar.

En la reestructuración de una empresa de servicios financieros, la reducción de costes era una parte esencial del plan. La directora de operaciones dejo de poner café y botellas de agua gratis en las salas de reuniones. La gente, comenzó a quejarse. Ella dijo: «Sé que no es un ahorro astronómico. Sin embargo, no podemos permitirnos tenerlos. Así de crítica es nuestra situación». Fue una señal reveladora para todos de que cada céntimo contaba. Un signo pequeño pero fuerte que invitaría a la gente a tomar conciencia.

Estate abierto a ser cuestionado

Para involucrar plenamente a la organización en el cambio, deben verte liderándolo. No hay mejor manera de demostrarlo que tener conversaciones abiertas en las que las personas te desafíen a ti y a tu equipo. Estar expuesto a preguntas directas, dar una explicación detallada y tu razonamiento personal ayudará a las personas a comprender y, como consecuencia, apuntalar la causa.

Cuando estábamos llevando adelante un importante proyecto de transformación, se percibía un cierto nerviosismo en la organización que requería responder abiertamente a las dudas del equipo. Decidimos organizar una conversación con seis personas de diferentes áreas del negocio, en la que podrían preguntar cualquier cosa que tuvieran en mente. Duró más de una hora, y lo grabamos en vídeo para que otros pudieran tener acceso al contenido. Hubo preguntas difíciles y directas. Expliqué los planes en los que estábamos trabajando y por qué era necesario el cambio. Querían saber cómo habíamos llegado a esa difícil situación en primer lugar, cuál era mi compromiso personal y las razones por las que creía en este nuevo conjunto de acciones. Fue una experiencia complicada, ya que decidí responder a todas las preguntas, incluso las más personales. Sin embargo, fue una forma poderosa de mostrar que estaba plenamente comprometido con el cambio y su lógica.

Encuentra los agentes del cambio y los focos de resistencia

Promover el cambio en una empresa es papel del equipo de dirección. Sin embargo, hacer que suceda es una tarea de toda la organización. Para ayudar a que ocurra debes encontrar a aquellas personas que crearán el mismo entorno para el cambio en sus unidades. Hay tres características de los grandes agentes de cambio:

1. Líderes creíbles: personas con una sólida reputación a quienes otros seguirán.

2. Comunicadores apasionados: individuos capaces de explicar intelectual y emocionalmente la razón del cambio.
3. Ejecutores resilientes: personas con determinación y capacidad para mantener altos niveles de energía a pesar de eventuales resistencias.

Me pareció útil hacer un ejercicio usando cuadrantes para identificar dónde se ubicaba mi equipo directo. Un análisis así es posible aplicarlo a toda la organización; debes juzgar hasta qué nivel quieres hacerlo.

Establece un cuadrante en el que tengas en el eje X cómo de comprometidas están las personas y en el eje Y qué tan activas son.

+ APOYO AL CAMBIO DE LOS MIEMBROS DEL EQUIPO

	Detractores	Agentes del cambio
GRADO DE ACTIVIDAD	Observadores pasivos	Seguidores

I – NIVEL DE COMPROMISO **+**

Figura 9.1. Apetito de cambio del equipo.

Fuente: *Elaboración propia*

El bajo compromiso y la baja actividad estarían en la parte inferior izquierda. Ellos son los vigilantes; individuos que observan pasivamente lo que está sucediendo. Los necesitas. No se resisten, no contribuyen a la transformación, pero tienen tareas que hacer.

En la parte inferior derecha, tienes a los seguidores. No son proactivos; no lideran. Sin embargo, una vez que se decide algo, lo ejecutarán. Algunos de ellos, con motivación adicional, entrarán en el cuadrante de los agentes de cambio.

Esos están en la parte superior derecha. Bien comprometidos, listos para moverse y movilizar a la organización. Son fundamentales para tu agenda de cambio. Debes pasar tiempo con ellos, asegurándote de que estén completamente alineados y recibiendo comentarios suyos durante todo el proceso.

La parte superior izquierda es la población de los detractores. No solo miran. Hacen declaraciones negativas sobre la situación, los planes y las posibilidades de éxito. Perderás tu tiempo tratando de convencerlos. Cometí ese error una vez. Los detractores son un agujero negro en el universo: drenarán toda tu energía sin resultados positivos. Algunos de ellos realizan tareas importantes en la organización, por lo que es posible que debas mantenerlos temporalmente. Los otros no harán el viaje, así que cuanto antes tomes medidas sobre ellos, mejor. Sin embargo, asegúrate de escuchar sus críticas al comienzo del proceso. Dentro de su negatividad, podría haber algunas afirmaciones acertadas que debes considerar al confeccionar los planes. Una vez decidida la planificación, los detractores podrían convertirse en un problema.

9.2 Define los cambios

Una vez que la escena se ha configurado para el cambio, debes ser específico sobre los cambios que se realizarán. Una mentalidad de transformación es una herramienta poderosa para cualquier organización y tiene que concentrarse en las áreas clave que deben renovarse.

En cualquier plan de transformación, deberás distinguir entre grandes cambios y pequeños cambios; deberás revisar y confirmar los modelos comerciales y operativos; deberás reevaluar las habilidades que tiene la propia compañía.

Tu dimensión de ejecución debe mostrar tus mejores habilidades de planificación. Debes tomar algunas decisiones claras: discriminar lo que es importante de lo que es accesorio, ser claro sobre lo que es nuclear y lo que no lo es, y en lo que la gente debería ser excelente.

Este es uno de los momentos en los que se combinan tus tres dimensiones: una visión clara, una fuerte actividad de compromiso y un poderoso plan de transformación.

Confirma los modelos de negocio y operativos

Un buen plan de cambio puede ser el origen o el resultado de una revisión de tu negocio principal. Podría ser que un cambio significativo en el mercado te obligue a evolucionar la actividad central de tu empresa. O podrías decidir pasar proactivamente a un conjunto diferente de productos y, por lo tanto, tendrás que transformar la organización de manera más radical. Debes ser claro con las personas sobre cuál es el negocio principal. Para nosotros, en el sector de las telecomunicaciones, el negocio tradicional era vender servicios de telefonía: una línea y un número de teléfono para hacer llamadas. Evolucionó para incluir servicios móviles de datos y, con ello, innumerables aplicaciones complementarias del servicio tradicional. En la actualidad, se trata de altas velocidades en banda ancha en el hogar o en movimiento. El contenido, las películas, las series y los deportes están creando nuevos modelos de negocio. Los ingresos y los márgenes se están desplazando en la cadena de valor. Algunos simplemente desaparecen, otros son reemplazados. Entenderlo no es suficiente. Quedarse disfrutando de las fuentes de beneficios anteriores sería una posición arriesgada para esas compañías. En el mundo corporativo, el cambio también está ocurriendo con el movimiento de los servicios a la nube, las plataformas de pago por uso y soluciones avanzadas más recientes como la ciberseguridad. Esto crea la necesidad de cambio en todas las áreas de la empresa: productos, servicios, base de costes, talento o habilidades de las personas. Implican nuevas formas de tratar con los clientes, lanzar servicios más deprisa o aprovechar el poder de la tecnología en cada actividad. El modelo operativo, interna y externamente, también debe ser ajustado. Esto está haciendo que las compañías del sector se analicen a sí mismas y reconsideren cuál es su negocio principal y cómo se organizan de cara al futuro.

El cambio en la dinámica del mercado se verá afectado por la forma en que tus clientes adoptan el cambio. Modificará la forma en que trabajas con ellos. Tu rol evolucionará. Esto genera desafíos y oportunidades. Tu equipo experimentará con ellos, y deberán ajustarse tal como lo hace tu empresa.

Una empresa química líder estaba suministrando pintura para automóviles a un gran fabricante de coches. La compañía automotriz compraba la pintura solicitando un volumen determinado de galones. Había ciertas especificaciones que cumplir: la calidad del material, la resistencia, el rendimiento y las características técnicas. Una vez que alguien se certificaba como proveedor, recibiría automáticamente los pedidos de pintura. El gestor comercial de la empresa química se centró en ser seleccionado como proveedor y así poder vender la mayor cantidad posible de pintura. Cuanta más pintura vendiera, mejor. Ello incluía, entre otras cosas, que se cumplieran los plazos de entrega, que eran críticos para evitar penalizaciones.

Un año, el fabricante de automóviles decidió cambiar su operativa. Quería que el proveedor de pintura formara parte de su cadena de valor. Buscaba fortalecer la contribución al producto terminado y, al hacerlo, involucrarse más con el proveedor e impulsar la innovación. Para ello, definió nuevas métricas y formas de pago. Organizó una reunión con los líderes de ventas del proveedor y explicó que iba a pagar por cada automóvil pintado, no por galón.

De repente, la forma tradicional de vender se esfumó. La mejor manera de obtener el máximo beneficio para la empresa química pasaba a ser utilizar la menor cantidad posible de pintura mientras se alcanzaban los objetivos definidos por el fabricante de automóviles. Para los profesionales de ventas, también cambió la forma en que trabajaban y trataban con el cliente. En el nuevo modelo, se trataba de métricas de calidad en cada automóvil pintado: cómo de delgada era la capa de pintura, pero también el brillo, la resistencia a la erosión y otros parámetros clave.

El desafío para cualquier líder es que, independientemente de la industria en la que opere, esto sucederá. Se producirá una disrupción en tu modelo operativo o de negocio. Invertía una buena cantidad de tiempo mirando cómo trabajábamos, y los nuevos procesos que necesitaríamos. Los cambios de dónde se encontraban los márgenes proporcionaban una guía sólida sobre dónde mirar.

Anima la actualización de conocimiento del equipo

Uno de los cambios clave que hacer es en las personas. Todo el mundo tendrá que transformar su actitud y sus habilidades. Muchos tendrán dificultades. Tienes un papel clave que desempeñar para proporcionarles confianza y apoyo durante este proceso. Deberían ver que tú también sigues reentrenándote a ti mismo. El hecho de que continúes aprendiendo los tranquilizará sobre sus propias capacidades, pero, lo que es más importante, sobre la necesidad de hacerlo.

En la industria de las telecomunicaciones, como en la de servicios IT, la fuerza de ventas se ha ido transformando considerablemente. Las personas se han visto obligadas a cambiar su forma de trabajar. Esto podría considerarse una oportunidad brillante. Sin embargo, es una experiencia difícil para mucha gente.

Recuerdo una conversación con un gerente de cuentas en una conferencia de ventas. Había pasado más de diez años vendiendo servicios de audioconferencia. Su objetivo principal había sido vender el máximo número de minutos posible. Cuantos más minutos, mayores eran los ingresos y el margen correspondiente. Le bastaba con entender la dinámica de los servicios de audioconferencia. Sin embargo, con el cambio a los servicios basados en un nuevo protocolo de comunicaciones (IP, Internet protocol) y el creciente impacto de las herramientas de colaboración, necesitaba gestionar una cartera de soluciones más grande y compleja.

Me dijo: «Luis, este es un gran desafío para mí. Sin embargo, tengo 45 años y lo veo como una oportunidad para reinventarme. Estoy asistiendo a reuniones con jóvenes recién llegados que están aprendiendo estos nuevos servicios mucho más rápido que yo. Pero estoy decidido a reciclarme, es apasionante ver cómo está cambiando la industria y formar parte de este cambio, pero necesitamos ayuda y algo de tiempo para transformarnos». Estaba asustado, pero dispuesto a intentarlo. Nuestro papel era darle los recursos y el tiempo para facilitar su camino personal hacia una nueva capacitación.

Las relaciones con clientes siguieron siendo importantes en las ventas a corporaciones, pero también se requerían nuevas habilidades. La cartera de soluciones era más amplia, las fuentes de márgenes eran diferentes y la forma en que los clientes compraban estaba cambiando. Queríamos ofrecer la oportunidad de volver a capacitarse a aquellos que estuvieran dispuestos a aprovecharla.

Con la velocidad de cambio en cualquier industria, la formación continua se convierte en una herramienta crítica para las empresas. Algunas soluciones desaparecerán y se crearán otras. Con el tiempo, las empresas ya no necesitarán personas para configurar conmutadores telefónicos, pero necesitarán expertos en seguridad. El diseño de las redes de comunicaciones pasa de una arquitectura estática a una arquitectura modificable por *software*. Con procesos financieros más automatizados, el uso de la robótica liberará a los expertos en contabilidad que, con la recalificación adecuada, podrán analizar datos como científicos de datos. La propia inteligencia artificial empleada como inteligencia aumentada se convertirá en una acompañante en la mayoría de las tareas y profesiones. Quienes la usen adecuadamente tendrán una ventaja competitiva frente a quienes no hayan aprendido a explotar su funcionalidad. Igualmente, las organizaciones que puedan identificar los nuevos puestos de trabajo de hoy y del futuro estarán mejor preparadas para tener éxito. También tendrán que averiguar cuáles desaparecerán y cómo plantearán la transición de su fuerza laboral; quiénes aprenderán nuevas habilidades y capacidades, y cómo lo harán.

El proceso de lanzamiento de un programa de reciclaje profesional es clave en un entorno tan cambiante. Cuando el equipo de nuestras operaciones europeas decidió hacerlo, rápidamente se dieron cuenta de que era una actividad crítica a largo plazo. Lo llamaron «Nunca dejes de aprender».

Hubo seis áreas clave de enfoque:

1. Comprender los trabajos que se requerirían en el futuro.
2. Comprender los trabajos actuales que ya no serían necesarios en unos años.
3. Definir programas de formación basados en los perfiles de habilidades existentes para diferentes carreras.
4. Comunicar el plan ampliamente para que la mayor cantidad posible de personas lo conociera y pudiera participar.
5. Acordar con las personas cómo realizarían su cambio personal.
6. Ejecutar cuidadosamente el plan de transición.

Por ejemplo, un área de creciente demanda era la ciberseguridad. La industria de las telecomunicaciones requería cada vez más servicios de ciberseguridad en la gestión de la red. La ciberseguridad estaba afectando a cada vez más ámbitos de la tecnología, que necesitaban nuevas herramientas y conocimiento, pero no había suficientes profesionales con la adecuada experiencia. Ello generaba una inflación salarial en los perfiles de ciberseguridad. Al mismo tiempo, algunos de los componentes de red tradicionales, como las redes de voz, reducían su relevancia. Esto creaba una oportunidad para aquellos ingenieros de voz que, con buenas capacidades técnicas, estuvieran dispuestos a formarse en el dominio de la ciberseguridad.

Nuestro equipo puso en marcha el programa, fue bien recibido y ampliamente utilizado, aunque tomó algún tiempo obtener la tracción y velocidad deseadas. Aprendí la importancia del papel del CEO en la defensa de la actualización de su equipo en un mercado cambiante.

9.3 IMPLEMENTA Y FACILITA EL CAMBIO

Ser el agente de cambio de la organización exigirá un fuerte enfoque en su implementación. No tendrás el tiempo o las habilidades para hacerlo tú solo. Por lo tanto, debes facilitar un marco de ejecución para la transformación.

Hacer una transformación grande y compleja de un negocio requerirá una metodología para ejecutar los planes. Debes definir qué es lo que va a ser industrializado, o consumido, es decir, implantado de forma consistente. Sin embargo, los equipos también deben tener la capacidad de seguir transformando sus operaciones diarias con una mentalidad de mejora continua. Esos planes deben estar respaldados por inversiones en herramientas y capacitación.

Tu papel como facilitador en la ejecución debe complementarse con una fuerte actividad de conexión con los equipos. Esas dos dimensiones deben ser muy visibles en esta parte de tu viaje como líder.

DEFINE CÓMO INDUSTRIALIZAR Y CONSUMIR EL CAMBIO

Todas las organizaciones experimentan cambios constantes, ya sea una serie de pequeños movimientos en los modelos operativos, o grandes programas de transformación. En cualquier caso, la clave del éxito es crear la forma más efectiva de consumir ese cambio. La gestión del cambio es, y siempre será, una actividad clave en cualquier proyecto transformacional. La diferencia entre las organizaciones que cambian bien y las organizaciones que no lo hacen es cómo se preparan para absorberlo.

Al ejecutar cualquier cambio, debes definir cuatro elementos:

1. Definición del problema o declaración del problema.
2. Plan de acción.
3. Ejecución.
4. Seguimiento de resultados.

Discutamos brevemente los dos primeros puntos. Descubrí que son críticos para impulsar la ejecución correctamente. Hemos hecho referencia a los otros dos en capítulos anteriores.

DEFINIR EL PROBLEMA AHORRARÁ TIEMPO Y DINERO

Definir el problema suena obvio, pero es muy fácil omitirlo o hacerlo mal. En ocasiones, al observar los problemas describimos sus síntomas en lugar de sus causas raíz. Por lo tanto, se podría pasar por alto el problema real. Debes dedicar tiempo de calidad a hacer una declaración clara del problema que pretendes resolver.

En una empresa de logística, no estaban entregando los paquetes a los clientes en las fechas comprometidas. Los clientes estaban descontentos porque no recibían sus productos a tiempo. Una forma de describir el problema podría haber sido: «las fechas que damos a nuestros clientes son demasiado optimistas y, por lo tanto, no cumplimos nuestras promesas». Claro. Hay una forma obvia de abordar esto: cada representante de ventas y servicio debe revisar los datos históricos antes de comprometerse con una fecha, consultar al equipo de entrega y acordar el cronograma con ellos. Finalmente, incluso deberían agregar algo de contingencia en caso de que ocurran problemas inesperados. Todo esto debería, en consecuencia, resolver el problema de dar fechas incorrectas a los clientes.

Sin embargo, ¿habíoan abordado la causa raíz? ¿Era ese el verdadero problema? Estaban proporcionando fechas demasiado optimistas, pero ¿por qué? En algunos casos, pudo ser porque eran los tiempos estándar de la industria. O quizás los equipos de ventas y servicio no querían perder negocios y trataron de proporcionar una oferta competitiva. Pensaron que podrían mejorar internamente una vez que se hubiera ganado el negocio. En realidad, el problema real era que eran demasiado lentos. Las promesas optimistas fueron solo un síntoma. La declaración del problema debería haber sido: «nuestro proceso de entrega es demasiado lento y para mantener a los clientes, nos comprometemos a fechas poco realistas».

El conjunto de acciones debería centrarse, entonces, en acortar el ciclo de entrega para proporcionar un servicio más rápido. Ello podría incluir también acciones que involucrarían a los clientes, por ejemplo, proporcionar datos de direcciones de entrega con mayor calidad.

PLANES DE ACCIÓN SÓLIDOS TE HARÁN LA VIDA MÁS FÁCIL

Los planes de acción adoptan diferentes formas en función del perfil de la organización, e incluso del tipo de actividades que se realizarán. Sin embargo, mi forma favorita es hacerlos con una especie de plan de proyecto. La gestión de proyectos tiene tres principios básicos: qué, quién y cuándo. Por supuesto, puedes ser más sofisticado preguntando: ¿A qué coste? ¿Cuáles son las dependencias de otra tarea? ¿Qué habilidades y recursos se necesitan? Pero al final se resumirá en lo que debe hacerse, quién lo va a hacer y cuándo se entregará. Cuanto más preciso puedas ser, mejores resultados obtendrás, y también más fácil será hacer el seguimiento.

Uno de nuestros gerentes de producto estaba revisando el lanzamiento de un producto de voz sobre IP con su equipo de colaboradores. Era la piedra angular para ayudar a los clientes a entrar en el mundo digital. El producto también era esencial para mantenernos competitivos en el mercado. Cuando el equipo realizó la propuesta para el plan del proyecto, la mayoría de la gente estaba satisfecha con el planteamiento. Sin embargo, cuando el gerente de producto miró el plan, comenzó una gran discusión. Uno de los elementos del plan era:

- Tarea: refinar el modelo de pedido.
- Propietarios: Will y Ahmed.
- Plazo: Q1.

En primera instancia, se podría considerar como aceptable tener una acción así en un plan para lanzar un producto. Sin embargo, fue más allá. ¿Qué significa refinar el modelo de pedido? ¿Qué quieres lograr con esta acción? Si la tarea es tan genérica, es imposible predecir lo que se obtendrá al realizarla. Cada persona podría esperar diferentes productos finales. Para algunos, el refinamiento podría consistir en mejorar la interfaz web; para otros, podría ser reducir el número de errores. Es clave que, en cualquier proceso de planificación, se acuerde lo más específicamente posible cuál es la tarea. Muchas veces en mi carrera he cometido el error de aceptar una descripción demasiado amplia de la tarea, que terminó en insatisfacción con el resultado y generó el doble de trabajo. Esto es especialmente relevante cuando hay límites muy finos con otras asignaciones o dependencias. Es bueno tener un descriptor más largo y claro como:

«Refinar y simplificar el modelo de pedidos para reducir en un 40 % el tiempo que lleva introducir los datos, y llegar a cero pedidos rechazados en la siguiente fase del proceso cuando se pasa a producción».

Otro elemento interesante de esta tarea ejemplo era que estaba asignada a múltiples propietarios. Siempre opto por tener un solo responsable, incluso si otros lo apoyan en el proceso de ejecución. Un propietario no es la persona que debe hacer todo; es el que tiene la responsabilidad de asegurar que la tarea se haga. También es una gran oportunidad de desarrollo para la persona. Ahmed tuvo que desarrollar su capacidad para ser escuchado en el equipo y tener la influencia de conseguir que otros hicieran lo que se necesitaba. Bueno, se trata de liderazgo. En la mayoría de las grandes organizaciones no se dispone de todos los recursos que se necesitan para formar a los jefes de proyecto. El liderazgo de proyectos versus la gestión de proyectos es un gran diferenciador en las habilidades y el desarrollo profesionales.

La tercera parte de la tarea anterior es acerca de la fecha de entrega. Un trimestre es un periodo de tiempo demasiado largo. Si estás planificando con tres años de anticipación, podría pensarse que es una medida correcta; pero para cualquier labor a corto plazo, no lo es.

Hay dos formas de establecer una fecha de entrega. Una es comenzar desde donde estás. A continuación, defines las tareas necesarias y sus interdependencias. Ponlas juntas y obtendrás una fecha estimada. Si esa fecha está demasiado lejos en el tiempo, deberás revisar el plan en sucesivas iteraciones.

La otra forma de planificar es partir de una fecha límite u objetivo, por ejemplo, cuando un cliente necesita que tus servicios comiencen en la misma fecha en que finaliza su contrato con el proveedor anterior. En ese caso, debes planificar contra esa fecha. Ello puede significar que tienes que hacer concesiones en funcionalidad o recursos.

Mediante planes y proyectos claramente industrializados, el cambio sucederá. Para que sea más fácil de consumir, puedes usar hitos intermedios. Por ejemplo, podrías entregar modificaciones a procesos, sistemas o productos en ciclos de 90 días. Descubrí que hacía más fácil para algunas personas digerir los elementos del cambio con este enfoque.

Separa los grandes cambios de los pequeños cambios

En mi experiencia, el cambio es un proceso especial, pero debe ir acompañado de pequeñas modificaciones que irán acelerando las mejoras y proporcionando beneficios a corto plazo. Para la mayoría de las personas, las grandes transformaciones no serán visibles en sus trabajos diarios. Aun así, es posible generar cierto impulso que produzca beneficios rápidamente.

Nos enfrentábamos a una gran transformación de sistemas que esperábamos que ofreciera mejoras importantes en los procesos. Pasarían algunos meses antes de que las unidades operativas vieran la diferencia. Pero al mismo tiempo, había muchas frustraciones más pequeñas en el trabajo cotidiano de las personas, que decidimos abordar en paralelo. Este programa trataba de eliminar lo que llamamos «irritantes». Esos pequeños problemas tenían un gran impacto en la actividad diaria de los equipos. Creamos una página web donde cada uno podía compartir sus irritantes, y establecimos un equipo dedicado a tratar con ellos. Algunos irritantes fueron descartados, pero el resto se clasificó, por un lado, en pequeñas soluciones rápidas y, por otro, en agrupaciones que suponían cambios algo más grandes en el sistema. Se realizaron más de mil pequeñas modificaciones: cambiar ordenadores de sobremesa viejos y lentos, eliminar la entrada de datos duplicados, automatizar informes de hojas de cálculo o limpiar datos para evitar errores de facturación. Fue una pequeña inversión con un gran retorno. La eliminación de los irritantes despejó el camino para la transformación más grande que vendría, e hizo que la gente fuera más tolerante con ella.

Utiliza la mejora continua para impulsar pequeños cambios

Una gran herramienta para fomentar la innovación y la mejora de procesos es adoptar un enfoque de mejora continua. La metodología Lean es una forma eficaz de aplicar pequeños cambios. Aprendí cómo Lean ayudaba a los equipos orientados al cliente a trabajar mejor. He visto el impacto de las iniciativas de mejora continua en las funciones de *back-office*, produciendo resultados de mayor calidad. Y he comprobado cómo, con los incentivos y sistemas adecuados, es posible eliminar una gran cantidad de trabajo innecesario, por ejemplo, para verificar las ofertas a clientes. Sin embargo, esta metodología no es igualmente relevante para toda la organización. Si te embarcas en un programa de este tipo, profundiza en unas pocas áreas e invierte en buenos formadores y expertos en Lean.

Visité nuestro centro de servicios administrativos en Budapest. Los equipos allí habían estado usando Lean durante más de un año. Los formadores en mejora continua estaban orgullosos de cómo se había integrado en el trabajo diario de los diferentes equipos. Compartían un panel de indicadores de mejora y celebraban una sesión semanal para revisar nuevas ideas y cómo se habían implementado las iniciativas anteriores. Asistí a una de esas reuniones, me impresionó el fuerte enfoque en el cliente detrás de cada sugerencia. La mayoría de las ideas eran pequeños cambios con alto impacto, por ejemplo, sistemas de agrupación de datos para evitar pedir a los clientes la misma información tres veces. El equipo también estaba siguiendo el impacto de esas mejoras e identificando los mejores resultados cada mes. Pero no podrían haber funcionado de esta manera sin los entrenadores. Con el tiempo se convirtió en una actividad de negocios habitual. Fue un ejemplo simple y poderoso de empoderamiento del equipo.

INVIERTE EN EL CAMBIO

Es posible que hayas escuchado la expresión anglosajona «pon tu dinero donde está tu boca», que aplica también a los procesos de transformación. Significa que debes respaldar la dirección estratégica (lo que dices) con las inversiones adecuadas para apoyarla (los fondos). Las tecnologías de la información (TI), los sistemas y los procesos son herramientas poderosas e indispensables para impulsar tus planes. Una inversión insuficiente es uno de los errores más frecuentes que he visto. El CEO debe ser un firme defensor del papel de TI en la agenda del cambio.

La aplicación de estas inversiones puede realizarse en diferentes ámbitos:

1. Productividad. Procesos más fluidos impulsan la eficiencia. Una intervención humana más enfocada ahorrará tiempo y dinero. La robótica puede eliminar tareas o automatizarlas. Las herramientas para apoyar el trabajo en equipo, la colaboración y el fomento de interacciones más rápidas entre empleados harán que todos sean más eficaces.
2. Experiencia del cliente. El aumento de los niveles de servicio a través del autoservicio y el uso de nuevas plataformas de comunicación mejorará la lealtad del cliente. La capacidad de capturar comentarios o hacer ofertas personalizadas ajustará tu negocio a las demandas de los clientes.

3. Gestión de datos. Una mejor gestión de la información te dará un mayor control de tu empresa, ya sea en los indicadores financieros, la comprensión del cliente o la evolución del mercado. El conocimiento te permitirá tomar decisiones más rápidas, de mayor calidad y reaccionar más deprisa ante lo inesperado.

Debes identificar dónde son necesarias tus mayores apuestas en términos de inversiones para impulsar el cambio. Decidas lo que decidas, el dinero bien enfocado acelerará la transformación.

Tuve revisiones regulares con nuestro equipo de TI para asegurarme de que mantuviéramos nuestros planes de inversión en marcha. Tener el apoyo y el enfoque del CEO marcó una gran diferencia para ellos y sus planes.

Liderábamos la integración de una compañía de ciberseguridad con el resto de uno de los mayores grupos tecnológicos europeos. Como CEO buscaba mantener la autonomía operativa de la empresa, combinándola con el beneficio de aprovechar los sistemas y procesos del grupo. Pusimos en marcha un plan detallado por cada área de sistemas: Recursos Humanos, Finanzas, Compras, Operaciones. Asignamos responsables, identificamos las funcionalidades que había que cubrir y ejecutamos el plan. Hubo que reducir el alcance de algunos procesos para explotar las sinergias del uso de los sistemas del grupo, pero también disfrutamos de nuevas capacidades. Fue crucial compartir con el equipo las implicaciones del cambio antes de iniciar el proyecto, y con ello garantizamos su apoyo y el éxito de la implantación.

9.4 Entiende el mercado

La dinámica del mercado es una de las razones fundamentales para el cambio, por lo que debes vigilar lo que está sucediendo en el entorno de tu empresa. Las decisiones de tus clientes pueden estar cambiando a medida que se enfrentan a nuevos desafíos. La empresa que lideras debe ajustarse a esas dinámicas. Ello ofrece nuevas oportunidades, pero, al mismo tiempo, puede dar lugar a amenazas.

Tus competidores se moverán. Los tradicionales mejorarán, pero vendrán otros nuevos. Algunos afectarán de forma disruptiva a la forma en que hoy ganas dinero. Conocerlos bien será una tarea importante para ti. Escanear el ecosistema alrededor de tu negocio será emocionante y gratificante al mismo tiempo.

El CEO de un banco organizaba sesiones semanales de una hora para revisar áreas específicas de tecnología y cómo podrían afectarlas. Invitó tanto a empresas líderes en distintas tecnologías como a *startups*. Escuchó sus modelos de negocio y cómo trataban con los clientes. Mantuvo reuniones con firmas de capital de riesgo para comprender dónde estaban invirtiendo. Las mesas redondas con los trabajadores le ayudaron a captar nuevas ideas. Estaba obsesionado con aprender lo más posible sobre lo que estaba sucediendo en el mercado. Su equipo preparó explicaciones simples de problemas profundamente tecnológicos para él y su equipo. En un proceso iterativo, esas conversaciones se utilizaron para refinar sus planes, abrir nuevos proyectos, definir pilotos y crear iniciativas de colaboración con otras empresas. El CEO fue el motor de cambio, liderando con el ejemplo y fomentando una profunda conciencia de la importancia de entender el mercado.

CONSTRUYE TU EMPRESA DE CARA A LA OPORTUNIDAD DE MERCADO

Al comprender a tus clientes en profundidad, podrás crear una organización lista para trabajar con ellos y para ellos. En un entorno corporativo, cuando hables con los CEO de tus clientes, te darán orientación. Tienes la oportunidad de escuchar y aprender sobre sus dilemas en una variedad de temas.

Hablé con muchos de ellos sobre cómo manejaban sus operaciones. Funcionan en un entorno global, pero todos tienen su sede en algún lugar. También pueden tener clientes que viven y trabajan en una ubicación específica. En ese sentido, esas son operaciones locales. Aquí es donde debes crear el equilibrio entre ser global y actuar localmente, o viceversa. A este nuevo territorio decidí llamarlo Glocaland. Lo compartí en un discurso en una escuela de negocios, dirigiéndome a estudiantes recién graduados. Invité a la audiencia —estudiantes de MBA en marketing, ventas y comunicación— a un viaje a este territorio recientemente descubierto: Glocaland, la tierra donde lo global y lo local se encuentran. Hablé de conceptos como:

1. Mercados glocales, creados por la expansión global de multinacionales que necesitan un fuerte toque local para servir a sus clientes. Los clientes se vuelven glocales porque esperan una gestión de cuen-

tas y servicios globales de sus proveedores y, al mismo tiempo, la capacidad de entregarlos y contactarlos localmente.

2. Abastecimiento glocal, que permite a las empresas fabricar o proporcionar servicios en varios lugares que son más convenientes para ellos, «haciendo que el mundo sea plano» (*The World is Flat* de Thomas Friedman).

3. El talento glocal es el diferenciador clave entre las buenas empresas y las excelentes. Cómo encontrar, atraer, retener y desarrollar el mejor talento disponible (tanto para roles globales como locales en la organización) es el verdadero desafío. Solo aquellos que sean capaces de hacerlo tendrán éxito. Las organizaciones necesitan gerentes glocales, que tendrán personas en varios países, pero que tendrán que actuar como un solo equipo.

Ajustamos nuestra organización para que fuera glocal: gobernanza y soporte de procesos, productos y clientes global, equilibrada con presencia local y personalización según la normativa o las necesidades específicas del mercado. La colaboración y un fuerte liderazgo son clave para una implementación exitosa de esta estrategia. Experimenté con frecuencia este dilema de ser global o local. Intentamos dar vida a la conocida expresión «pensar globalmente y actuar localmente». Es un equilibrio difícil que requiere decisiones audaces y un equipo flexible.

PREPÁRATE PARA UN MUNDO DE PROSUMIDORES

Una forma de entender el mercado es interactuar directamente con los usuarios finales de tus servicios. La tecnología está diluyendo las fronteras tradicionales entre el mundo profesional y el entorno personal. Una nueva generación de consumidores utiliza sofisticadas herramientas para recopilar conocimiento sobre productos y así tomar decisiones con un nivel de información mayor. Están listos para compartir más intereses y opiniones personales con otros, y a intercambiar datos privados por servicios. Al mismo tiempo, una nueva ola de profesionales nativos digitales con hábitos de consumo renovados se están uniendo a nuestras empresas. El CEO debe conocer y estar abierto a los llamados prosumidores. Consumidores profesionales.

Los prosumidores están desafiando formas obsoletas de trabajar y adquirir productos. Como resultado, necesitamos nuevas formas de pensar para garantizar la seguridad y la protección de los activos críticos.

Los prosumidores son una invitación a la reflexión para cualquier líder. Ya sean clientes o empleados, fomentan debates estimulantes. Sin embargo, también exigirán soluciones. Atraerlos como clientes o como parte del nuevo talento significará cambiar procesos, mentalidades y herramientas. Me pareció refrescante hablar con ellos y analizar en qué áreas estábamos dispuestos para ajustarnos. También debes ser consciente que no todo es susceptible de ser cambiado.

IDENTIFICA LOS DISRUPTORES

Esa disrupción generada por las personas actuando como prosumidores también está sucediendo con las empresas. Nuevos jugadores están creando soluciones innovadoras con diferentes modelos de negocio que podrían hacer temblar tu empresa. Igualmente, empresas tradicionales entran en mercados adyacentes impactando otros sectores.

Al igual que con el CEO del banco al que me he referido anteriormente, tu papel es comprender la dinámica del mercado. Habla con tantas personas como puedas. Aprende quién está haciendo qué y por qué. Cómo piensan ganar dinero, cómo captarán a sus clientes y cuál es su valor diferencial. Comprende y discute cómo reaccionarán tus clientes.

Entonces, estarás listo para actuar. Por supuesto, este no es un trabajo de una sola vez. Esto debe formar parte de tus actividades diarias.

Una compañía líder de *software* estaba lanzando una evolución de sus soluciones. Su objetivo era añadir funcionalidad a las herramientas de colaboración y los servicios básicos de correo electrónico, considerando a las empresas de telecomunicaciones como socios en su estrategia de despliegue. Sin embargo, una de las características de su nueva plataforma era ofrecer llamadas telefónicas gratuitas a sus clientes. Sin querer, estaban entrando como un competidor disruptivo contra sus principales socios. Entender su impacto en el sector les hizo reconsiderar sus planes sobre qué servicios implementar. A veces, las consecuencias no deseadas de tu estrategia plantean retos a tus mejores socios.

Puedes encontrar jugadores disruptivos en casi cualquier industria. Este es un proceso imparable. Las organizaciones de taxis, los consorcios hoteleros, los bancos, los productores de contenido están experimentando cómo se está modificando el mercado.

En muchos casos, la regulación es superada por la velocidad de la imaginación. Como CEO, nunca debes esconderte detrás de la legislación o las normas regulatorias. Las ideas buenas e innovadoras encontrarán su camino.

Hay diferentes maneras de ver la disrupción y cómo funciona. Empresas como BMW crean un ecosistema de innovación a su alrededor. IBM siempre está buscando nuevas ideas, y con frecuencia adquiere ese conocimiento incremental. Barclays fomenta las discusiones con *fintech* para comprender e invertir en lo que podría ser su próxima generación de servicios.

Es importante chequear sistemáticamente lo que está sucediendo, porque no todo va a ir bien. No puedes reaccionar a cada idea disruptiva que plantea crear un gran negocio a partir de una idea brillante.

Paso unas horas a la semana leyendo y hablando con la gente sobre la disrupción. Aprender de la industria de las telecomunicaciones o de IT es apasionante. Las nuevas soluciones basadas en redes definidas por *software* desafiaron los productos existentes y obligaron a toda la industria a pensar en cómo integrarlos. En el desarrollo de *software* el uso de la inteligencia artificial está modificando radicalmente los procesos de diseño, construcción o la realización de pruebas. Me pareció igual de gratificante aprender sobre la disrupción en otras industrias. El CEO, como custodio de la visión de la empresa y su futuro, debe reservar tiempo para pensar cómo ser su propio disruptor.

CONVIÉRTETE EN UN LÍDER DIGITAL

Nuestro mundo, y la forma en que vivimos y hacemos negocios, está adoptando las tecnologías digitales más rápido que nunca. Estamos apegados a los dispositivos móviles y, cada vez más, a dispositivos que nos ayudan, por ejemplo, a cuidar nuestra salud. El contenido que absorbemos es progresivamente mayor a través de canales digitales. La reserva de viajes o restaurantes, completar transacciones bancarias o comprar bienes y servicios son más digitales que nunca. La abundancia de dispositivos conectados en nuestros hogares, negocios y ciudades genera una gran cantidad de datos que crean oportunidades. Podríamos seguir y seguir. Los mejores CEO serán aquellos que puedan entender y aprovechar el valor de la digitalización. Deberán convertirse en líderes digitales.

Bajo tu dimensión de ejecución, debes dominar cómo se utilizan las tecnologías digitales. Debes estar rodeado de personas con un profundo conocimiento de cómo funcionan y qué puedes hacer con ellas. Tus socios deben mantenerte informado y actualizado cuando se trata de lo que consideran las mejores prácticas. Estudiar dónde están apostando los inversores es muy útil. También analizar las nuevas empresas que se desarrollan alojadas en incubadoras y por qué están allí.

Como líder digital, el CEO debe desafiar al equipo sobre cómo usan la tecnología. El rol de director de Tecnologías de Información debe evolucionar para convertirse en el director Digital. Además, los líderes de marketing deben entender cómo aprovechar las técnicas de *big data* o los canales digitales. Los gerentes de operaciones deberían buscar formas de mejorar la eficiencia mediante el uso de inteligencia artificial o robótica. El CEO debe alentar esta actividad, asegurándose de que la financiación adecuada esté disponible para ellos.

Solíamos tener discusiones sobre el futuro de nuestra industria. En nuestras revisiones de la hoja de ruta del desarrollo de soluciones, debatimos sobre qué hacían otros competidores o nuevos jugadores, y cómo nos estábamos preparando para competir. Sin embargo, también dejamos espacio internamente para poner a prueba servicios innovadores. Probar casos de uso como la holografía, o usar dispositivos activados por voz para desarrollar un asistente digital, activaron la imaginación del equipo. Al hacer esto, obtienes una perspectiva mejor de lo que es posible. No necesita convertirse finalmente en un producto o servicio. La conciencia por sí sola era muy importante para mí. El CEO será mejor si se completa con esa faceta de líder digital. Dimas Gimeno, que fue CEO de El Corte Inglés durante varios años, es un claro ejemplo del nuevo liderazgo digital. El negocio que puso en marcha, WOW, ocupa un espacio relevante entre las compañías del llamado mundo *phygital* (la convergencia entre lo físico y lo digital). Una conexión con los consumidores a través de cuidadas tiendas físicas donde la experiencia del cliente es la clave, que se combinan con canales *online* de creciente eficiencia. Al mismo tiempo, Dimas proyecta esa misma dimensión a través de una estrategia de comunicación en redes sociales con contenido de calidad buscando inspirar a sus seguidores.

9.5 Actúa como una *start-up*

Eres el único que puede impulsar una mentalidad de *start up* en toda la organización. Tus habilidades empresariales deben florecer para crear una nueva forma de pensar y actuar, desarrollando un entorno en el que las ideas puedan fluir, la toma de decisiones sea ágil y la implementación se centre en los resultados. La burocracia se elimina sistemáticamente, se permite el fracaso como fuente de aprendizaje y el talento puede innovar. Puedes influir y hacerlo posible estableciendo la cultura y el comportamiento de la organización desde arriba. En el mundo de hoy, combinar una herencia sólida con una actitud refrescante puede generar excelentes resultados. Si ya eres el CEO de una *start-up*, asegúrate de mantener esa sensación desde los primeros días de tu negocio.

Tu herencia tiene que ver con la base de clientes, la experiencia del sector y la reputación de la marca, lo que puede generar confianza y sostenibilidad. Sin embargo, las nuevas generaciones tienen un mayor apetito de riesgo y están listas para probar productos, servicios y empresas sin miedo. Equilibrar ambos perfiles es una parte importante de la estrategia.

El CEO debe asegurarse de que el negocio siga reinventándose. Una toma de decisiones ágil puede convertirse en una ventaja competitiva, permitiéndote ejecutar a buen ritmo. Una mentalidad de *start-up* debe orientarse a mantener una curiosidad sin límites y el deseo de explorar qué es posible.

Sigue reinventando tu negocio

Las *start-ups* carecen de memoria corporativa. Por un lado, esto es bueno, ya que les permite enfrentarse a los desafíos con una mente abierta y, probablemente, con pensamiento fuera de lo habitual. Sin embargo, también significa que los fundadores pueden carecer de experiencia. Debes aspirar a lograr el mismo pensamiento disruptivo, combinado con el conocimiento existente de su empresa. Usa lo que sabes, pero no dejes que se convierta en un elemento ralentizador.

El CEO de una compañía italiana de seguros de automóviles vino a compartir sus puntos de vista en una de nuestras reuniones. El seguro es una industria bien establecida con parámetros claros sobre cómo se realizan los cálculos actuariales. Han mejorado sus capacidades de venta cruzada y han comenzado a utilizar técnicas de *big data* para evaluar mejor a sus clientes. Sin embargo, la disponibilidad de información sobre cómo conducen los clientes, gracias a los sensores del automóvil, está cambiando todo el sector. Están apareciendo nuevas ofertas, como las políticas de pago por uso. Dependiendo de cuánto o cómo de rápido conduzca, se le cobrará de manera diferente. Reconocieron el desafío que esto traería a su modelo de negocio. Muchos de los planteamientos anteriores dejarían de ser válidos. Así que decidieron adquirir una empresa especializada en sensores para automóviles, para aprender más y desarrollar nuevos servicios para sus clientes. Tuvieron que reinventarse sin perder su negocio principal.

O te recreas a ti mismo, o alguien lo hará. El CEO juega un papel fundamental en impulsar este enfoque. Las formas de trabajo de las nuevas iniciativas serán diferentes a las de tu negocio existente. Debes encontrar la mejor manera de impulsar la reinvención. Cómo y cuándo reinventar tu negocio es algo en lo que debes pensar cuidadosamente, o podría ser demasiado tarde.

Manteníamos una posición líder en el mercado con una solución específica para clientes de servicios financieros. Sin embargo, nos dimos cuenta de que la integración de nuevos servicios en la nube podría ser una oportunidad, pero también podría ser un disruptor para nuestro negocio. Entonces, decidimos adquirir una *start-up* especializada en esa área que complementara nuestra cartera y nos preparase para nuestros clientes.

HAZ QUE LA TOMA DE DECISIONES SEA UNA VENTAJA COMPETITIVA

Tomar decisiones rápidamente es uno de los mayores desafíos en las grandes corporaciones. En mis conversaciones con los CEO, siempre hablan de sus intentos de impulsar más agilidad. Sé audaz. Tomar una decisión, y estar preparado para revertirla si estás equivocado, es una nueva capacidad requerida en un mercado en rápido movimiento. Es posible que hayas sufrido la enfermedad corporativa de debates interminables hasta que el grupo llega a un consenso. Por supuesto, siempre es posible encontrar más datos y más personas que involucrar, ya sea en una decisión relacionada con una oferta de cliente, una nueva característica del producto o una nueva inversión. Pero la velocidad es esencial. Tomar decisiones rápidas no significa que sean menos robustas.

El CEO debe ser el primero en mantener esta mentalidad. Tuvimos una reunión sobre una negociación con un proveedor. Hubo una larga discusión sobre las características finales y las solicitudes a los contendientes preseleccionados. El desafío para el equipo era reducir el proceso de toma de decisiones de tres meses a tres semanas. Cuando observamos las razones por las que tardaba tres meses, descubrimos que podíamos acortar todo. Se hizo. Los proveedores estaban más contentos, incluso aquellos que perdieron, ya que les ahorramos tiempo. Decidimos antes y aprendimos a ser más efectivos en esos procesos.

Ten curiosidad sin límites

Explorar lo que sucede a tu alrededor es una de las mejores maneras de aprender. También es una actitud poderosa cuando se trata de entender lo que hacen los demás. La mejor herramienta para la exploración es el cuestionamiento. Debes desarrollar una buena capacidad para hacer preguntas. Interrogar de una manera consistente te hará más sabio. Como dijimos antes, para desarrollar este hábito, solo necesitas ser curioso. A la mayoría de los fundadores de *start-up*s que he conocido les gusta preguntar tanto o más que hablar.

Cada conversación es una oportunidad para aprender. Debes inculcar este comportamiento en toda tu organización, facilitando que las personas presenten respuestas a las preguntas, permitiéndoles construir proyectos fuera de su trabajo diario y creando una forma sistemática de pensar disruptivamente.

Queríamos fomentar la innovación y mejorar el servicio al cliente. Claramente, en los trabajos diarios no se cubría todo. Así que creamos una competición llamada The Challenge Cup. Se lanzó con la ambición de abordar los problemas u oportunidades que afrontaban las personas en toda la compañía. Los proyectos se centraron en problemas específicos de clientes. Obtenían una puntuación más alta si tenían miembros de diferentes partes del negocio, para promover la colaboración. Decenas de equipos compitieron cada año. Muchos de ellos trabajaban como *start-up*s. Incluso tuvieron que obtener los fondos para ejecutar sus propuestas. Había un ganador oficial cada año. Sin embargo, hubo recompensas para todos aquellos proyectos que llegaron a completarse. La mayoría de las iniciativas comenzaron con la curiosidad de unas pocas personas y su apetito por brindar un mejor servicio a los clientes. Fue una forma inspiradora de alinear la energía de miles de empleados. Aprendí acerca del poder de las ganas de marcar la diferencia para el cliente realizando un esfuerzo adicional. Solo necesitas encontrar la mejor manera de canalizarlas.

9.6 REFLEXIÓN

El *Chief Execution Officer* debe ser un agente de cambio. En esta dimensión, su audacia y habilidades empresariales deben ser algunas de las capacidades básicas para desarrollar.

o ¿Eres un líder de cambio? ¿Cómo explicas el cambio necesario en tu organización?
o ¿Cómo separas los grandes cambios de los pequeños?
o ¿Facilitas el cambio en tu forma de trabajar? ¿Cómo?
o ¿Cómo desarrollas tu comprensión del mercado de clientes y competidores?
o ¿Qué estás haciendo para ser un líder digital?
o ¿Es la agilidad un objetivo clave para ti? ¿Por qué?
o ¿Qué atributos de una *start-up* te gustan? ¿Crees que podrías incorporarlos en tu negocio? ¿Cómo?

CONCLUSIÓN

Escribí este libro con la intención de que las tres dimensiones que planteo te fueran útiles. Puedes ser un CEO experimentado de una gran multinacional, o un CEO recientemente nombrado de una empresa más pequeña o de una nueva empresa. Es posible que seas el siguiente en la fila o que tengas la ambición de ser un CEO en el futuro. Es posible que estés liderando un equipo o una unidad como mini-CEO, o simplemente tengas curiosidad e interés sobre lo que significa ser CEO. No importa: estas tres dimensiones se aplican a ti.

Empezamos presentando las habilidades básicas asociadas con cada dimensión. Reflexionamos sobre áreas clave en las que necesitarías combinar varias de esas capacidades, y otras donde una dimensión es más visible que otras. Hemos compartido cómo las tres dimensiones se interrelacionan y refuerzan entre sí. Para sobresalir como CEO, o como líder de un equipo, deberás dominar las habilidades básicas que respaldan cada dimensión. Tu determinación será la base para tener éxito.

Personalmente, la dimensión del *Chief Evangelist Officer* me pareció la más difícil de desarrollar. Me hizo reflexionar sobre mis valores y capacidades fundamentales. Este conjunto de habilidades está más relacionadas con quién eres, tu yo más íntimo. Al pensar sobre ellos, aprendí mucho sobre mí mismo. Una vez que trabajas en ellos, se convierten en la piedra angular de cómo desempeñarás tu labor.

La dimensión del *Chief Engagement Officer* es la que más he disfrutado. Mi energía se nutre al interactuar con personas de diferentes perfiles y orígenes, liderar un equipo o pasar tiempo con los clientes. Esas conversaciones también son oportunidades de aprendizaje únicas.

La dimensión del *Chief Execution Officer* me hace sentir orgulloso. Aquí es donde el resultado de tu rol es más tangible. La sensación de logro que sientes y el legado que construyes son el núcleo de por qué querrías ser CEO.

Espero que mientras estabas leyendo algo haya hecho clic en tu mente. Tal vez una nueva idea, una inquietud o la determinación de cambiar algo.

Disfruto siendo CEO, liderando un equipo y trabajando con clientes. Te lo confirmo, es un viaje duro pero fascinante en el que nunca dejas de aprender.

Incluso al leer la versión final de este libro, he continuado descubriendo áreas que podría hacer mejor, y recordado elementos de las dimensiones que disfruté desarrollando. Más y más historias han ido acudiendo a mi mente. Pero también aparecen nuevas formas de trabajar que quiero probar y desarrollar.

Me gustaría mantener la conversación en torno a lo que se necesita para ser un gran CEO, un líder. Por lo tanto, me encantaría invitarte a compartir tus historias y discutir tus ideas y temas en the3dceo.com.

Gracias por tomarte el tiempo para llegar tan lejos, y espero que hayas disfrutado del viaje.